"十二五"职业教育国家规划教材
经全国职业教育教材审定委员会审定

21世纪高等院校规划教材·旅游系列

会展与节事旅游管理概论

（第三版）

主　　编　◎傅广海
副 主 编　◎罗正琴　张　颖　吴　峰
参　　编　◎张　莞　张辉辉

北京大学出版社
PEKING UNIVERSITY PRESS

内 容 简 介

本书包括会议旅游、展览旅游、节事旅游、奖励旅游、策划概述、会议旅游及展览旅游的策划与管理、节事旅游策划与管理、奖励旅游策划与管理等内容，系统地论述了国际上近年来有关会展与节事旅游的现状和发展趋势，总结了发达国家会展与节事旅游的成功经验，阐释了适合我国国情的会展与节事旅游策划及管理的原则和方法。

本书紧扣时代发展脉搏，总结、概括了会展与节事旅游的基本概念，具有较强的专业性、时代性、实用性和前瞻性。同时，本书的编写思路和体例也较为新颖。

本书既可作为高等院校会展管理专业、旅游管理专业及其他相关专业的教材，也可作为从事会展旅游工作的企事业单位管理人员的参考书。

图书在版编目(CIP)数据

会展与节事旅游管理概论/傅广海主编. --3版. -- 北京：北京大学出版社，2025.6. --（21世纪高等院校规划教材）. --ISBN 978-7-301-36117-7

Ⅰ. F590.7

中国国家版本馆CIP数据核字第2025KC9059号

书　　　名	会展与节事旅游管理概论（第三版）
	HUIZHAN YU JIESHI LÜYOU GUANLI GAILUN（DI-SAN BAN）
著作责任者	傅广海　主编
策 划 编 辑	李　玥
责 任 编 辑	李　晨
标 准 书 号	ISBN 978-7-301-36117-7
出 版 发 行	北京大学出版社
地　　　址	北京市海淀区成府路205号　100871
网　　　址	http://www.pup.cn　　新浪微博：@北京大学出版社
电 子 邮 箱	编辑部 zyjy@pup.cn　　总编室 zpup@pup.cn
电　　　话	邮购部010-62752015　发行部010-62750672　编辑部010-62704142
印 刷 者	河北滦县鑫华书刊印刷厂
经 销 者	新华书店
	787毫米×1092毫米　16开本　13.25印张　269千字
	2007年4月第1版　2015年3月第2版
	2025年6月第3版　2025年6月第1次印刷（总第12次印刷）
定　　　价	46.00元

未经许可，不得以任何方式复制或抄袭本书之部分或全部内容。
版权所有，侵权必究
举报电话：010-62752024　电子邮箱：fd@pup.cn
图书如有印装质量问题，请与出版部联系，电话：010-62756370

第三版前言

《会展与节事旅游管理概论》于2007年出版了第一版，于2015年出版了第二版，得到了师生的广泛认可。此书的编写以国内外会展及节事旅游的丰富实践为基础，参考了国内外同类教材的先进编写理念，总结了发达国家会展及节事旅游的成功经验，阐释了适合我国国情的会展与节事旅游策划及管理的原则和方法。但是，随着我国会展业和会展旅游业的迅速发展，《会展与节事旅游管理概论》（第二版）中的许多数据已经较为陈旧，相关内容滞后于会展旅游策划及管理的发展，因此，编者对此书进行了修订。

我国近年来高度重视会展业的发展。在一系列政策的驱动下，中国会展经济进入"新常态"，会展业作为地方经济引擎的强大韧性得以展现。2022年2月，商务部印发《展览业统计调查制度》，这表明推动展览业高质量发展的统计体系加快形成。2022年4月，《国务院办公厅关于进一步释放消费潜力促进消费持续恢复的意见》强调了会展平台在扩大内需、促进消费方面起到的独特作用，并支持各地区建立促消费常态化机制，培育一批特色活动品牌。2022年7月，国家知识产权局印发《展会知识产权保护指引》，展会知识产权的保护管理得到进一步规范。2022年11月，中国国际贸易促进委员会发布《关于做好出国经贸展览首批试点审批项目有关工作的通知》，重点国家、重点行业、重点展会的出国参展办展项目试点审批工作得到了积极推进。

当前，移动互联网技术的日臻成熟和智能手机的广泛应用催生了21世纪新的学习生态，大学生们追求更加开放、灵活、个性化、多元化的立体式自主学习模式。新型学习生态的出现颠覆了传统课堂教学结构与教学流程，引发了教师角色、教材编写模式、授课模式、教学管理模式的变革。此次教材修订紧跟当前教学改革形势，反映时代的变化。

本书的编者长期活跃于旅游和会展领域的教学科研一线，有着较深的学术造诣和丰富的实战经验。

本书是在我国新时代会展业蓬勃发展的时代背景下修订完成的，具有以下特点。

第一，本书的体系与结构比较完备。会展和节事旅游包括会议、奖励旅游、大会、展览和节事这几大部分。编者将教材内容划分为两大板块，前五章为理论部分，包括会议旅游、展览旅游、节事旅游、奖励旅游及策划概述；后三章为实务部分，涉及与策划及管理有关的内容，包括会议旅游及展览旅游的策划与管理、节事旅游的策划与管理、奖励旅游的策划与管理。这样划分便于读者从整体上把握会展与节事旅游的基本体系，掌握各个部分的相关内容。

第二，本书涉及的学科范围较广。编者运用多个相关学科的理论来丰富本书的内容,这也是本书的一大特色。例如,编者利用管理学的思想阐释规范会展旅游的基本流程,利用市场营销学的基本理论解读会展旅游的营销策略。此外,书中内容还涉及旅游学、社会学、策划学、传播学等其他学科,这也体现了本书内容的广度和深度。

第三,本书的编写体现了理论性与应用性相结合的原则。本书的内容既具有一定的理论深度,又具有较强的实用性。在编写实务部分的内容时,编者与业界专家进行了深入的探讨,以保证实务部分的内容和实际情况相吻合。这有助于提高教材的实用价值。

第四,编者在设计本书体系、编写有关内容时充分吸收了国外的最新研究成果,并根据国内教学实践的需要,基于"线下+线上"混合式教学模式,为本书配套了数字资源,以丰富本书的内容,打破教材和网络课堂的界限,帮助授课教师实现立体化教学。

本书由成都理工大学傅广海教授担任主编。具体分工如下:主编主要负责编写大纲、规范体例、配备数字资源,同时负责第一章、第二章、第五章、第六章的修订工作及全书的统稿工作;四川旅游学院张莞副教授负责第三章的修订工作;成都银杏酒店管理学院罗正琴教授负责第四章的修订工作;成都银杏酒店管理学院张辉辉副教授负责第七章的修订工作;成都理工大学工程技术学院张颖副教授负责第八章的修订工作。讯狐国际科技(北京)有限公司的吴峰负责提供全书的最新行业案例,并对行业数据进行了校对。

编者在这里还要特别感谢第一版和第二版的参编者——四川大学的邓玲教授、曾武佳博士和叶京京、史欣雨、高崇惠、陈旖,以及我的研究生汪颖、成都银杏酒店管理学院的王海讲师。他们的工作为本书的编写奠定了基础。

由于作者水平有限,书中难免存在疏漏和不足之处,恳请业内专家、学者和广大读者指正。

傅广海
2025年1月于成都

本书读者可扫描右侧二维码登录"学银在线"官网,在"课程"模块搜索课程"会展旅游及实训",学习与本书内容配套的线上课程。

本教材配有教学课件及相关教学资源,如有老师需要,可扫描右边的二维码关注北京大学出版社微信公众号"北大出版社创新大学堂"(zyjy-pku)索取。

·课件申请
·样书申请
·教学服务
·编读往来

目 录

第一章   会议旅游   1
  1.1   会议及会议旅游概述   3
  1.2   会议旅游的类型和特点   9
  1.3   国内外会议旅游的发展趋势   13
  1.4   成功开展会议旅游活动的条件   15

第二章   展览旅游   21
  2.1   展览旅游概述   23
  2.2   展览旅游的参与主体   32
  2.3   国内外展览业的发展现状   34
  2.4   展览旅游与展览业的发展趋势   42

第三章   节事旅游   47
  3.1   节事旅游概述   50
  3.2   节事旅游的特点及意义   52
  3.3   国内外节事旅游概览   56

第四章   奖励旅游   65
  4.1   奖励旅游概述   67
  4.2   国内外奖励旅游概览   79

第五章   策划概述   95
  5.1   策划的含义和基本特征   97
  5.2   策划的重要意义   100

  5.3 策划的基本要素 101
  5.4 策划的基本原则 103
  5.5 策划的一般程序 105
  5.6 策划的类型与方法 108

第六章 会议旅游及展览旅游的策划与管理 113
  6.1 会议旅游与展览旅游的策划 115
  6.2 会议旅游与展览旅游的管理 123

第七章 节事旅游策划与管理 143
  7.1 节事旅游策划的基本特征 146
  7.2 节事旅游策划的基本要素 149
  7.3 节事旅游策划的基本原则 150
  7.4 节事活动的筹办与节事旅游活动的策划 151
  7.5 节事旅游的管理 161

第八章 奖励旅游策划与管理 171
  8.1 奖励旅游的策划主体 173
  8.2 奖励旅游策划的特征及要素 174
  8.3 奖励旅游策划的基本原则 176
  8.4 奖励旅游策划的工作内容 178
  8.5 奖励旅游策划的一般方法 190
  8.6 奖励旅游的管理 191

● 参考文献 205

第一章 会议旅游

学习目标

知识目标

- 掌握会议和会议旅游的基本概念；
- 熟悉并理解会议旅游的类型和各类会议旅游的特点；
- 了解国内外会议旅游的发展趋势；
- 了解成功开展会议旅游活动的条件。

技能目标

- 能够准确识别国际会议；
- 能够区分会议旅游的类型；
- 能够为会议举办地的选择提供参考性建议。

关键词

- 会议、会议旅游、会议旅游类型、会议举办地

案例导入

博鳌亚洲论坛

在海南省琼海市的博鳌镇定期举办的博鳌亚洲论坛提升了海南省的知名度和美誉度，海南省的会展经济因此得到了快速发展。自博鳌亚洲论坛2011年年会成功召开以来，海南省的会展业发展迅速，在海南省举办的大型展会和会议的数量明显增多，会议策划水平快速提升。

对于海南省而言，目前，除了影响力最大的博鳌亚洲论坛，中国（海南）国际海洋产业博览会、海南名特优产品采购大会、海南国际咖啡大会、博鳌国际物流论坛成功举办，中国（海南）国际热带农产品冬季交易会、深海能源大会等展会和会议的规模及影响力也在逐年增加。经过各界人士的不断努力，海南省会展业的品牌效应得以彰显，海南国际健康产业博览会、海南国际高新技术产业及创新创业博览会、海南世界休闲旅游博览会等展会的品牌影响力进一步扩大，海南新能源汽车及电动车展览会等专业展也在海南省成功举办。

1.1 会议及会议旅游概述

一、会议的含义及类型

（一）会议的含义

会议是指一群人在特定的时间、地点聚集在一起，讨论会议议题或开展某种特定的活动。参加会议的人们会带着相同或不同的目的，围绕一个共同的主题，进行交流或商讨。一场会议的利益主体主要有主办方、承办方和与会者（某些时候利益主体还包括演讲者）。与会者可以通过会议进行交流。在现代社会，会议的召开往往伴随着经济活动，并带来经济效益。一些会议饭店或会议中心会专门承接各类国内及国际会议，并将此作为营利手段。

2014年，我国发布并实施了国家标准《会议分类和术语》（GB/T 30520—2014）。该标准对"会议"的定义为"在特定的时间和空间，通过发言、讨论、演示、商议、表决等多种形式以达到议事协调、交流信息、传播知识、推介联络等目的的一定人数的群体活动"。该标准还从统计的角度给出了"国际会议"的定义。国际会议是指"由来自3个或3个以上的国家或地区（含港澳台）的代表参加的会议，或境外参会代表占全部参会人数40%（含）以上的会议"。

用于指代"会议"的英文单词有很多，使用频率较高的有"meeting""convention""conference""congress"等。这些词的具体含义及适用场合如表1.1所示。

表1.1 指代"会议"的英文单词的含义及适用场合

单词	含义及适用场合
meeting	会议的统称，常用于指代一般性会议
convention	常用于指代年会、例会，以及与会者以工商界人士为主的大会、研讨会等，如学术团体举办的年会
conference	常用于指代专业性较强的专门会议，如科技界、工商界的会议，其规模可大可小
congress	常用于指代规模较大的代表会议，与会者通常是政府或非政府组织的代表或委员

（二）会议的类型

由于会议的内涵极其丰富，为便于研究，我们需要对其进行分类，以便掌握不同类型会议的特点和运作规律。

1. 按主办单位划分

按主办单位划分，会议可分为四种类型：企业会议、社团会议、政府会议和事业单位会议。

（1）企业会议

企业会议是指由企业主办，以行政、管理、技术、营销等为主要内容，以促进企业的发展为主要目的的会议。企业会议的与会者往往是企业的内部人员，会议主办方也可邀请外部人员参加企业会议。企业会议往往与业务培训、商务活动、奖励旅游密切相关，因此，会议主办方经常在具有良好旅游条件和会议设施完善的地方召开会议。

（2）社团会议

社团会议是指由协会、公会、妇联、学会、商会、基金会、研究团体等各种社会团体主办的会议。社团会议又可分为国际性社团会议和国内社团会议。国际性社团会议是指由各类国际性协会、团体等举办的会议。国内社团会议是指由国内的协会、团体等举办的会议。社团会议具有参会人员构成多样、涉及领域广泛的特点。

（3）政府会议

政府会议是指由政府机构主办的会议。不同类型的政府会议的级别、层次、规模、影响范围往往也有所不同。政府会议的主要特点是：第一，与会者多为政府官员，因此，政府会议具有较大的影响力和号召力；第二，此类会议往往数量较多，参会人数也较多，举办时间相对固定。

（4）事业单位会议

事业单位会议是指由学校、医院、科研机构、文艺团体等事业单位主办，以文化、教育、卫生、体育、科学技术为主要内容的会议。召开事业单位会议的主要目的通常是传达上级精神、部署工作任务、讨论重大决策、解决特定问题等。

2. 按规模划分

按规模的大小划分，会议可分为以下四种类型。

① 小型会议：与会者人数少于或等于199人。

② 中型会议：与会者人数为200～799人。

③ 大型会议：与会者人数为800～1999人。

④ 特大型会议：与会者人数大于或等于2000人。

二、会议旅游

（一）会议旅游的定义

会议旅游是会展旅游的重要组成部分。通俗地说，会议旅游就是指各种类型的会议所派生出来的旅游活动。与传统的旅游相比，会议旅游具有主题单一、旅游方式新颖、停留时间长、团队规模大、人员花费多等特点。参加会议旅游的特定群体往往会到特定的地方参加会议活动。特定机构或企业会以营利为目的组织各类会议并开发专项旅游产品。

关于会议旅游的定义，业内存在不少争论。有学者依据旅游的定义对会议旅游进行了如下界定：会议旅游是指人们因参加会议而前往会议举办地参加的旅行活动和在会议举办地逗留期间参加的相关活动。

（二）会议旅游的特征

会议旅游具有异地性、暂时性、综合性、目的多样性等特征。

1. 异地性

实际上，异地性是包括会议旅游在内的一切旅游形式的共同特点。对绝大多数与会者来说，会议举办地和自己的常住地往往距离较远，尤其是国际会议。因此，异地性是会议旅游的一个显著特征。会议旅游的异地性为航空公司和饭店带来了可观的营业收入。国际大会及会议协会（International Congress and Convention Association，ICCA）发布的题为《国际协会会议的当代史（1963—2017）》的研究报告显示，美国作为世界最大的国际会议主办国，其22.4%的航空客运量、33.8%的饭店入住率均来自国际会议及奖励旅游。

2. 暂时性

暂时性是指会议旅游的时间是短暂的。《国际协会会议的当代史（1963—2017）》显示，国际会议的开会时长有明显缩短的趋势。1963—1967年，每场会议的平均时长为5.78天；2013—2017年，每场会议的平均时长减少至3.65天。

3. 综合性

会议旅游是一个综合性的概念，它涵盖了会议旅游者的具体活动，如参加文化娱乐活动、参观考察、观光游览、休闲购物、探亲访友等。一些会议旅游者会通过当地的会议旅游公司购买会议旅游产品。虽然会议旅游看似仅由会议活动构成，但对于会议旅游者而言，它远不止于此。会议旅游者可以通过会议旅游获得旅行体验，增进与他人的交流，享受各类会议服务和旅游接待服务。

4. 目的多样性

会议旅游是一种以会议为核心的旅游形式。其独特性在于，它是由"会议"这一核心因素触发的旅游活动。与其他旅游类型相比，会议旅游具有目的多样性的特征。参加会议旅游活动的目的包括但不限于：参加会议，对会议进行采访、报道，陪同其他与会者观光游览，拓展社交圈，放松身心等。总而言之，会议旅游者的主体是与会者，其主要动机是参加会议，但会议旅游者参加会议旅游活动的目的不止于此。

（三）会议旅游的构成要素

会议旅游由会议旅游者、会议旅游资源和会议旅游服务者这三个基本要素构成。会议旅游者和会议旅游资源分别是会议旅游的主体和客体。

1. 会议旅游者

会议旅游者通常由以下几类人构成。

① 与会者。与会者即参会人员。与会者是会议旅游者的主要组成部分，也是会议旅游服务者的主要服务对象。与会者又可以因其身份的不同分为会员代表、非会员代表或一般代表、重要代表等。

② 与会者的陪同人员。与会者的陪同人员是指跟随和陪同与会者参加会议并协助与会者完成相关事务的人员，如与会者的秘书、助理和安保人员等。一些级别较高的

与会者，如国家领导人、社会名流等，往往有众多的陪同人员。

③ 与会者的家属。相当多的与会者在参加会议时会带着家人一同前往会议举办地，很多与会者经常与配偶一同前往。与会者家属的参与扩大了会议旅游者的队伍。他们前往会议举办地主要是为了娱乐和消遣，因此，与会者家属的参与有助于使当地各类会议旅游公司的收入增加。如今，许多会议主办方都会主动邀请与会者的家属一同前往。

④ 会议附属活动的参与者。会议附属活动是指为了扩大会议的影响力、配合会议的召开而举行的活动，如新闻发布会、展览活动、商品交易会和文艺表演等。会议附属活动的参与者，如参加新闻发布会的记者、展览会的参与者、参加商品交易会的客商，是会议旅游者的重要组成部分。

2. 会议旅游资源

会议旅游资源是指吸引会议旅游者前往会议举办地的各种旅游资源。会议旅游资源由会议和举办地旅游资源这两部分构成。

① 会议。会议是引发会议旅游活动的最根本的因素，参加会议是会议旅游者前往会议举办地的主要动机，因此，会议是会议旅游资源的重要组成部分，会议的召开是会议旅游产生的前提。一座城市如果要发展会议旅游，首先要做的就是争取成为会议举办地，即获得会议的举办权。大型会议的举办权一般需要通过激烈的竞争，从会议主办方（如国际组织、跨国公司等）那里进行争取。一座城市如果希望承办国际会议，就需要提交会议承办申请书，其内容如图1.1所示。会议吸引力的大小以及会议最终吸引到的旅游者数量的多少取决于会议价值的大小。决定会议价值的因素包括：会议的性质、规模、级别和知名度，会议的创意或特色，会议内容对目标人群的吸引力，会议主办方和组织方的权威性，计划参会的知名人士的数量等。

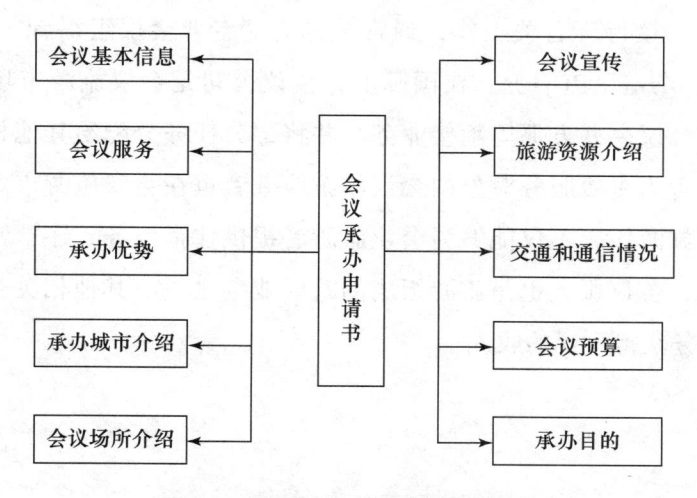

图1.1 会议承办申请书的主要内容

值得注意的是，会议价值的大小有时取决于会议旅游者的主观判断，会议旅游者的兴趣、爱好、价值观念等主观因素在很大程度上决定着会议在其心目中的价值。另外，尽管会议是一种客观存在的吸引会议目标人群的因素，但在会议真正开始之前，人们对会议吸引力的判断源于想象中的会议，而非现实的会议。因此，在会议旅游者到来之前，会议的价值很难真正展现出来。会议举办地应该利用这种主观性的特征，加大会前的宣传力度，通过各种媒介来阐释会议的价值。

② 举办地旅游资源。举办地旅游资源是指会议举办地所具备的旅游资源。举办地旅游资源是激发会议旅游者兴趣的重要因素，其数量和质量对会议旅游者的数量、构成以及会议旅游效益有着重大影响。不过，这种资源在会议旅游资源中处于从属地位，必须依附于会议。举办地旅游资源主要包括自然景观、人文景观、具有当地特色的民族文化活动、游乐场所、风味美食等。如果会议举办地具有丰富的旅游资源，会议旅游者的潜在旅游动机将大大增强，这有助于会议旅游者范围的扩大和会议旅游者数量的增加。同时，被举办地旅游资源吸引的会议旅游者往往会参加会议活动之外的、以消遣为目的的旅游活动，这将使当地的旅游经济效益得到提高。

3. 会议旅游服务者

会议旅游服务者是指向会议旅游者提供服务的企业和机构。会议旅游服务者既包括专注于会议旅游市场的企业和机构（如会议公司、会议中心、目的地管理公司），也包括那些不以会议旅游者为主要服务对象，但仍提供相关服务的企业和机构（如旅行社、旅游饭店）。专注于会议旅游市场的会议旅游服务者主要从事会议策划、组织、协调、接待等有关工作，通常被称为"专业会议组织者"（Professional Conference Organizer，PCO）。在国际上，会议公司是会议旅游市场的重要运作主体。它们直接从会议主办方那里承接业务，并将部分任务分配给其他相关企业。那些并不以会议旅游者为主要服务对象的会议旅游服务者也在会议旅游市场上发挥着重要的作用。例如，旅游饭店不仅能够为会议旅游者提供住宿服务，还常常是主要的会议举办场所，因此，会议服务也是旅游饭店的重要业务之一。其他相关企业也能够通过提供多样化的服务获得可观的收入。

> **知识链接**

目的地管理公司

目的地管理公司（Destination Management Company，DMC）是指负责在会展活动的主办地负责现场协调、会务安排和旅行安排等工作的公司。它不同于传统意义上的会议公司或旅行社。目的地管理公司致力于将会议、展览所需的资源进行有机整合，以提供更专业、更全面的服务。

目的地管理公司可提供以下专业服务：

1. 策划各种特色项目；
2. 为专业人士提供定制化服务；
3. 帮助供需双方协调、沟通；
4. 策划、组织各种国际会议、论坛；
5. 为研修团队安排行程；
6. 策划、组织各种奖励旅游活动；
7. 提供目的地旅游服务；
8. 策划、组织各种团体拓展培训项目；
9. 策划、举办各种国际俱乐部的相关活动；
10. 策划各种商务活动及庆典活动；
11. 策划各种休闲娱乐活动。

1.2 会议旅游的类型和特点

会议的多样性决定了会议旅游的多样性。会议旅游者的需求具有差异性，为了使会议举办地及各类会议旅游公司能够有针对性地进行会议旅游策划并提供会议旅游服务，我们需要对会议旅游的类型进行科学的划分，并分析各类会议旅游的特点。

一、会议旅游的类型

我们可以依据多个标准划分会议旅游的类型，具体情况如下。

① 按照会议主办单位划分，会议旅游可分为公司类会议旅游、协会类会议旅游、其他组织会议旅游。

② 按照会议活动的特征划分，会议旅游可分为商务型会议旅游、文化交流型会议旅游、专业学术型会议旅游、培训型会议旅游等。

③ 按照会议的形式划分，会议旅游可分为论坛式会议旅游、研讨式会议旅游、报告式会议旅游等。

④ 按照活动范围划分，会议旅游可分为国内会议旅游、国际会议旅游。

⑤ 按照会议举办时间的特点划分，会议旅游可分为固定性会议旅游、非固定性会议旅游。

对会议旅游的类型进行划分有助于会议旅游服务者更好地为会议旅游者提供服务，在住宿、餐饮、娱乐、购物等方面满足会议旅游者的需求。

二、各类会议旅游的特点

据统计，在目前的会议旅游市场中，公司类会议旅游和协会类会议旅游占据了约80%的市场份额。下文将着重介绍公司类会议旅游和协会类会议旅游的特点。

1. 公司类会议旅游的特点

（1）数量庞大，范围广泛

公司类会议旅游是会议旅游的主要组成部分，并且发展非常迅速。企业管理人员十分重视信息的传递，而在公司内部传递信息的基本方式之一便是召开会议。统计数据显示，从会议数量和参会人数上看，公司类会议旅游占据的比重很大。公司类会议旅游涉及的范围也很广。常见的公司类会议包括销售会议、新产品发布会、分销商会议、专业技术会议、管理层会议、培训会议、股东会议、公共会议、奖励会议等。

（2）在旅游时间的选择上呈现出周期性与灵活性相结合的特点

调查表明，公司类会议旅游在全年各个阶段分布得较为均衡，且公司类会议大多在工作日举行。公司类会议旅游的周期性与公司类会议的周期性有关。部分公司类会议具有明显的周期性，如销售会议、股东会议、奖励会议等。但大部分的公司类会议是根据需要举行的，不具有固定性，这使得公司类会议旅游在时间的选择上也具有较强的灵活性。

（3）旅游筹备时间较短

公司类会议旅游的前期准备时间一般不超过1年，大多为3～6个月。如果举办的是年度销售会议或奖励会议，筹备者可能提前8～12个月考虑旅游目的地。实际工作中经常出现临时决定举行会议的情况，由于准备时间有限，旅游接待的工作难度会增加；但负责接待的企业如果能够按照会议主办方的要求完成接待任务，将给会议主办方留下深刻的印象，负责接待的企业日后将有机会争取到会议主办方的其他会议旅游业务。

（4）旅游地点的选择具有重复性

公司类会议旅游的筹备者在选择旅游地点时要考虑设施条件、服务质量、交通费用及便利程度等因素，在一些情况下，筹备者可不考虑变更旅游地点。如果上次会议旅游的目的地和接待企业提供的服务令会议主办方满意，会议主办方可继续选择相同的目的地和相同的接待企业。如果公司的会议旅游决策者对原来的旅游地点感到厌倦或不满，筹备者会重新选择地点。公司类会议旅游大多在地点的选择上具有重复性。会议类型会影响旅游地点的选择，例如，当举办股东年会这样隆重的会议时，筹备者也可能每年都会选择不同的举办地。

（5）与会者人数具有可预测性

公司类会议旅游往往具有一定的强制性，与会者人数是比较容易预测的。无论与会者是独自前往，还是与配偶一同前往，这都是由公司决定的，因此，与会者人数的预测结果一般比较可靠。

（6）逗留时间较短

绝大多数的公司类会议是短会。很多会议的会期仅为1天，有些会议的会期可能达到5天，但会期为3天的会议最为常见。会期直接决定了会议旅游者在旅游目的地的逗留时间。

（7）会议主办方决策的集中化程度高，多数会议旅游者缺乏自主性

公司类会议的决策往往由一两位高层管理人员或部门主管作出，因此会议决策具有较强的集中性。一些会议企业如果希望争取到某些公司的会议旅游业务，就需要获取那些能够对会议决策产生重大影响的关键人物的认可与支持。另外，由于大多数公司类会议旅游者是会议主办方的雇员或直接利益相关者（如股东、分销商等），在大多数情况下，他们无论在主观上是否愿意，都需要参加会议旅游活动。因此，多数会议旅游者在旅游决策方面缺乏自主性。

2. 协会类会议旅游的特点

（1）效益巨大，形式多样

协会类会议旅游是指会议主办方为由具有共同兴趣和参会目的的人员组成的协会所策划的会议旅游活动。协会类会议旅游者是会议旅游市场的重要客源群体。各类地方性协会、全国性协会、国际性协会每年都会举办各种会议。协会会员可以在会议上交流、协商，探讨某一行业或领域的最新发展形势，共同解决行业或领域内部存在的各类问题。据统计，尽管协会类会议的场次和参会人数分别约为公司类会议的1/4和1/2，但协会类会议旅游者的旅游支出却是公司类会议旅游者的2.5倍左右。因此，对于会议举办地而言，协会类会议旅游市场是具有更高经济价值的市场。协会类会议有多种形式，较为常见的会议形式为年度大会、地区性年会、专门会议、专题讨论会等。

（2）在旅游时间的选择上具有周期性

由于协会类会议大多属于例行会议，因此，协会类会议旅游的时间有着明显的周期性。最常见的情况是会议主办方每年举办1次会议，也有1年举办2次会议或每2年举办1次会议的情况。一些国际性协会或全国性协会除了会每年举办1次年会，还会每年举办1~3次地区性大会作为补充。另外，会议主办方为了让与会者有机会在会后进行观光游览，经常将会议安排在一周的后几天（如周四、周五）；这样一来，会议结束后，与会者就可以在周末自由活动或参加协会组织的活动。从整体上看，4月、5月、6月、9月、10月、12月是协会类会议旅游活动最为频繁的月份。

（3）筹备时间较长

协会类会议旅游通常需要会议主办方预先进行精心的筹划。重要的协会类会议往往需要1年以上的筹备期。即便是规模较小的协会类会议，也至少需要8~12个月的准备时间。会议的筹备周期与其规模成正比，规模越大，所需的准备时间就越长。会议主办方往往需要花费大量的时间考察并选定合适的会议地点。因此，会议举办地可有效利用这段筹备期，积极展示城市旅游形象，并推广会议旅游产品。

（4）难以预测旅游者人数

由于人们可以自主选择是否参加协会类会议，因此，会议主办方无法精准预测与会者人数。这也导致会议主办方难以准确预估旅游者的数量。旅游者人数的多少与会议本身的吸引力有关，同时，会议地点的吸引力也是一个影响旅游者人数的重要因素。合适的会议举办地不仅能吸引更多的与会者，还能促使他们携带家人或其他人员一同前往。

（5）逗留时间相对较长

80%的协会类会议的会期为3~5天，由于协会类会议旅游者更可能在会前和会后参加旅游活动,所以他们在会议举办地逗留的时间会更长一些。

（6）会议主办方决策的集中化程度低,会议旅游者的自主性强

协会类会议主办方的会议决策过程较为复杂,一般分为两个主要步骤。第一,会议主办方需要从众多的提议中进行初步筛选,在这一环节中,协会秘书长（或执行总监）扮演着至关重要的角色。第二,董事会（或理事会、委员会）成员会根据协会秘书长（或执行总监）的建议作出最终决定。在选择全国性协会和国际性协会会议举办地时,会议主办方往往会进行慎重的筛选。由此可见,协会类会议的决策并非由个人直接作出,而是由多人分阶段共同作出,这也显示出了决策的分散性。此外,由于协会与其会员之间不存在较强的隶属关系,因此,会议主办方无法以命令的形式要求会员参与会议旅游活动。这就意味着,会员在决定是否出游方面具有高度的自主权,其旅游决策呈现出强烈的个人选择性。

1.3 国内外会议旅游的发展趋势

随着世界经济一体化进程的加快、科学技术的进步、市场竞争的加剧,国内外会议旅游呈现出一些新的发展趋势。

1. 会议旅游活动向全球化的方向发展

随着经济全球化和全球一体化进程的加快,越来越多的会议活动走向海外。会议旅游活动的主题逐渐聚焦于全球化议题,并且国际会议的参与国数量在不断增多,这促使全球范围内的会议旅游活动进一步增加。

ICCA官网的数据显示,1963—2022年,全球国际会议的数量大约每10年翻一番;2003—2012年的年均增幅最大;2013—2022年,全球国际会议的年增长率为25%。近年来,我国在世界会议市场上发展迅速。ICCA官网的数据显示,2022年我国累计举办国际会议7401个,在举办会议的数量上位居全球第十名。

2. 会议旅游业的国际竞争日趋激烈

随着非欧美地区经济的迅速发展,参与国际会议旅游市场竞争的国家越来越多。各国都十分重视会议旅游产品的开发和推广,这也加剧了会议旅游业的国际竞争。此外,越来越多的会议旅游公司进入国际市场,它们瞄准了全球市场,积极参与全球市

场的竞争，以谋求更大的发展机会。目前，会议旅游公司的国际化程度不断提高，一些企业甚至已经成为他国本土会议旅游市场中强有力的竞争者。这一现象表明会议旅游业的国际竞争已经迈入了一个全新的阶段。

3. 会议主办方的价格敏感度不断提高

随着众多国家、地区和企业的涌入，会议旅游市场已成为竞争激烈的买方市场。在这样的市场环境下，价格往往是取得竞争优势的重要因素。因此，越来越多的会议主办方在选择会议举办地和会议旅游公司时更注重价格因素。

4. 旅游者呈现出年轻化趋势，女性旅游者增多

在现今的会议旅游活动中，旅游者呈现出年轻化趋势，大多数旅游者的年龄为25～40岁。他们在参会前会评估参加会议所投入的时间成本和经济成本是否是自己能够接受的。同时，随着女性社会地位的不断提升，女性旅游者的占比显著增加。相关数据显示，协会类会议旅游中女性旅游者的占比约为39%，公司类会议旅游中女性旅游者的占比约为35%。鉴于女性旅游者在会议旅游服务需求上与男性旅游者存在差异，会议旅游公司有必要增设或优化服务项目及设施，以更好地满足女性旅游者的需求。

5. 越来越多的中小城市成为会议举办地

鉴于大城市旅游费用攀升并存在交通拥堵、环境问题加剧等问题，越来越多的会议主办方开始将目光投向中小城市，将会议举办地设在这些中小城市。这些城市可能没有能力承接规模很大的会议旅游活动，但具备承接中小型会议旅游活动的能力。不少中小城市拥有优美的自然环境、独特的旅游资源、浓厚的民俗风情及优越的地理位置，因此，将会议举办地设在这些城市能够吸引大量会议旅游者。

6. 会议旅游与展览旅游、奖励旅游相融合

当前，会议旅游与展览旅游相结合的趋势日益显著。许多会议旅游活动融入了展览旅游活动，而许多展览旅游活动也融入了会议旅游活动，"会中有展、展中有会"的旅游模式越来越常见。此外，会议旅游与奖励旅游的融合也更为紧密。会议主办方在安排会议议程和会议举办地时，通常会考虑会议旅游者对奖励旅游的需求，在会议前后安排相应的奖励旅游活动。与此同时，奖励旅游也常常穿插着旨在激励和表彰员工的会议活动。据统计，约有80%的奖励旅游包含会议活动。

7. 会议旅游对现代化技术的需求日益增加

会议旅游活动对现代化技术的需求不断增加，网络技术、多媒体技术的最新成果在会议旅游活动中得到广泛运用。当前，技术的更新速度极快，会议旅游设施应不断优化、升级，使会议旅游者的需求不断得到满足。

8. 会议旅游业内部合作日益加深

会议旅游业内部的合作主体主要是会议旅游市场内的各家企业，它们通过合作来增强自身的竞争力。在提供接待服务方面，饭店、会议中心和旅行社之间的合作不断加深，它们建立起了紧密的伙伴关系，为会议旅游者提供一站式服务。

尽管近些年来我国的会议旅游发展迅速，但与其他会议旅游发展较早的国家相比，无论是会议的数量、规模，还是收入方面，我国与这些国家仍存在一定的差距。然而，我国的会议旅游市场具备持续快速增长的巨大潜力，这主要得益于以下几个方面。

① 我国经济持续稳定发展，这为会议旅游的发展提供了坚实的经济基础。

② 我国的综合国力不断提升，国际影响力日益增强。

③ 我国拥有丰富的旅游资源和日益完善的旅游设施，正朝着世界旅游强国的目标迈进。

④ 我国政府高度重视会议旅游的发展。

⑤ 我国所处的亚太地区将成为世界经济和国际贸易的中心，我国将有机会承接更多的国际性会议旅游活动。

1.4 成功开展会议旅游活动的条件

会议旅游活动能否成功开展与许多因素有关，如会议的性质及规模、与会者情况、住宿条件、交通条件、接待条件等，但是实践证明，会议举办地和会议旅游的时间是最为重要的两项因素。

一、会议举办地的选择

不管会议的规模和重要程度如何，会议主办方都应将选址视为首要任务。

一个合适的会议举办地需要满足许多条件。第一，该城市应当经济发达、配套设施完备、交通便捷、会议设施齐全；第二，该城市应当有良好的区位条件，处于经济发达的城市群；第三，该城市应当有出色的会议管理能力，具备举办会议的经验、实力；第四，该城市应当拥有优美的自然环境，气候宜人、风光秀美、景点丰富；第五，该城市应当有独特的文化传统和人文景观。

此外，无论举办的是哪一种会议，会议承接单位（如会议中心）都应提供便捷的通信服务、交通服务，提供完备的餐饮设施和齐全的视听设备，保证住宿环境干净、卫生。

ICCA官网的相关数据显示，2022年举办国际会议数量排名前10的国家分别为美国、德国、英国、法国、意大利、西班牙、日本、荷兰、加拿大、中国（如表1.2所示）。

表1.2　2022年举办国际会议数量排名前10的国家　　　　　　　　单位：场

排名	国家	举办国际会议的数量
1	美国	24153
2	德国	15159
3	英国	13650
4	法国	13056
5	意大利	11782
6	西班牙	10942
7	日本	9231
8	荷兰	7715
9	加拿大	7494
10	中国	7401

资料来源：https://www.iccaworld.org/about-icca/icca-60-years-report/60-years-report/

如果承接的是国际会议，会议场地大多为酒店、会议中心、展览中心、大学等。其中，酒店是会议主办方的首选，其次是会议中心和展览中心。

会议旅游往往能引发联动效应，给会议举办地带来巨大的经济效益。会议旅游给会议举办地带来的主要益处如图1.2所示。

会议旅游的主要益处关系图：

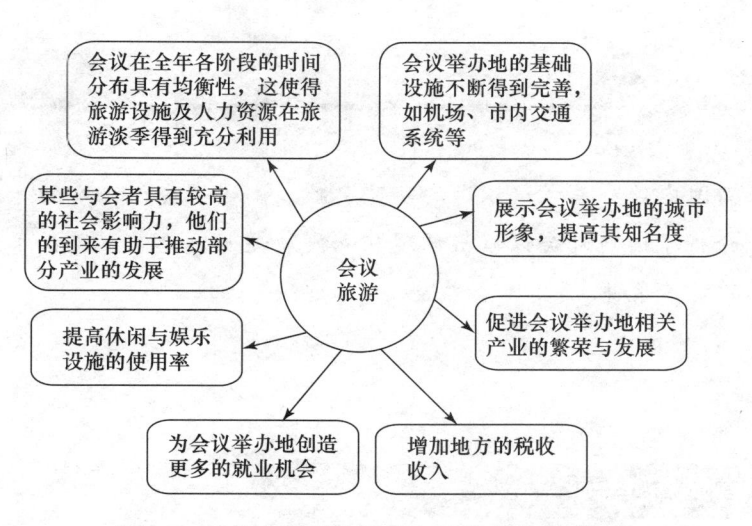

- 会议在全年各阶段的时间分布具有均衡性，这使得旅游设施及人力资源在旅游淡季得到充分利用
- 会议举办地的基础设施不断得到完善，如机场、市内交通系统等
- 某些与会者具有较高的社会影响力，他们的到来有助于推动部分产业的发展
- 展示会议举办地的城市形象，提高其知名度
- 提高休闲与娱乐设施的使用率
- 促进会议举办地相关产业的繁荣与发展
- 为会议举办地创造更多的就业机会
- 增加地方的税收收入

图1.2　会议旅游给会议举办地带来的主要益处

二、会议旅游时间的选择

会议旅游一般应安排在旅游淡季。以公司类会议旅游为例，将会议旅游安排在旅游淡季通常有以下优势。

① 能够避开公众的旅游高峰期，会议旅游公司在安排出行和住宿方面可以提供更好的服务，从而确保会议及会议旅游活动的圆满成功。

② 企业通常会在一个经营周期内对公司的经营状况进行总结，对公司内部的先进集体和个人进行表彰，面向公司客户开展公关活动，而每年年底恰好是旅游淡季，也是最适合开展以上活动的时间。企业可以在年底开展客户公关活动，同时为下一年度的经营活动制订行动方案。

③ 在旅游淡季，酒店、旅行社、航空公司通常会提供较大幅度的折扣，企业可以借此机会降低成本。

章前案例分析

会议旅游给会议举办地带来了可观的收入，并促进了当地的基础设施建设，特别是服务设施的建设，带动了旅游服务业及相关产业的发展。博鳌镇原本是海南省的一个不起眼的小镇，因为博鳌亚洲论坛年会每年都在此召开，其面貌发生了翻天覆地的变化。博鳌亚洲论坛年会的举办也带动了海南省会展业和旅游业的发展。

本章小结

本章根据国内外有关会议旅游的研究文献，阐述了会议旅游的基本概念、类型和特点，分析了国内外会议旅游的现状和发展趋势，总结、概括了成功开展会议旅游活动的基本条件。

复习思考题

一、名词解释

会议　会议旅游

二、简述题

1. 简述会议的类型。
2. 简述会议旅游活动的构成要素。
3. 简述会议旅游的类型。
4. 简述公司类会议旅游的特点。
5. 简述协会类会议旅游的特点。
6. 简述成功开展会议旅游活动的条件。

三、案例分析

试结合以下案例，分析知音湖北·2024全球旅行商大会的成功举办为会议举办地带来了哪些益处。

2024年10月13日，知音湖北·2024全球旅行商大会在湖北十堰召开。本次大会以"发展跨境旅游，增进文明互鉴"为主题，旨在加强国内外旅行商的合作，推动入境旅游的复苏和发展，为湖北文旅高质量发展注入新的动力。来自全球近30个国家和地区的主要入境旅游客源地和国内重点城市的旅行商参与了本次大会。

在会议期间，会议主办方举办了湖北文旅图片展和文创非遗展，湖北省和十堰市分别进行了旅游推介。同时，项目签约仪式在大会召开期间成功举办，共有50个文旅项目签约，总投资额达595亿元，签约额总计510亿元。其中，武汉、襄阳、宜昌、荆州、恩施、神农架、十堰等地的12个重点项目在现场完成签约，签约额达165.36亿元。①

来自阿联酋迪拜的Tripsnstay酒店预订服务公司主要开展线上推广业务，该公司经理阿尼尔·钱德里卡·贾加纳坦表示，其公司将会在线上平台针对武当山、神农架、三峡等相关旅游资源，设计并推出一些专项产品。波兰旅行商代表苏维雅则表示，中国文化在欧洲很受欢迎，波兰有许多学校的学生都在尝试学习中国文化；她认为湖北是非常好的旅游目的地，希望自己所在的公司能与湖北越来越多的城市展开合作。②

在大会召开期间，德国、法国、丹麦、美国等国家的10家旅行商被授予"全球推广合作伙伴"称号。此次大会同时安排了商务洽谈和对接流程，组织境外旅行商与国内旅行商、航空公司、旅游集团、旅游景区、星级饭店等进行面对面的业务交流和洽谈对接，取得了一系列合作成果。

---

① 周荔华，刘坤.知音湖北·2024全球旅行商大会召开 近30个国家地区、100多家旅行商齐聚湖北[EB/OL].（2024-10-13）[2024-10-18].https://news.qq.com/rain/a/20241013A045MS00.
② 刘微.知音湖北·2024全球旅行商大会新签约50个项目，签约额510亿元[EB/OL].（2024-10-13）[2024-10-18]. https://baijiahao.baidu.com/s?id=1812811468883346066&wfr=spider&for=pc.

第二章
展览旅游

学习目标

知识目标

- 掌握展览和展览旅游的基本概念；
- 了解展览旅游的特点和参与主体；
- 了解国内外展览业的发展现状。

技能目标

- 能够区分展览旅游和其他旅游形式；
- 具备展览旅游的市场分析能力。

关 键 词

- 展览、展览旅游

案例导入

德国展览业的经济效应

德国展览业协会官方网站的研究报告和统计数据显示,2023年,德国展览业已经从新冠疫情造成的行业停滞中恢复,表现出强劲的增长势头。2023年,德国共举办了298场贸易展览会,其中有20多场贸易展览会是首次举办,约有18.3万家公司在德国的70个展览场馆展出,参展商较2022年增加了30%。2023年,德国贸易展览会的总展出面积为634万平方米,比2022年增长了11%。2023年的贸易展览会共吸引了约1140万名参观者,与2022年相比增加了380多万名参观者。德国通过组织贸易展览会为联邦、州和地方政府带来了45亿欧元的税收。展览业是德国的强大经济驱动力,近2/3的在各个行业拥有巨大影响力的贸易展览会在德国举行。来自德国以外的参展商和参观者的占比分别达到60%和35%。

2.1 展览旅游概述

发展展览旅游不仅能够吸引大量的高质量游客,还能有效提升旅游目的地的经济收入。因此,展览旅游具有巨大的市场潜力。

一、展览与展览旅游

(一)展览

展览活动通常发生在固定或临时性的场馆内,包括定期或不定期的展览会、博览会等形式。展览组织者通常会基于特定目的和主题精心挑选展品,在展厅或其他指定空间内,借助特定的方法将这些展品展示出来。举办展览能够起到宣传产品、传递信息、促进产销对接、推动生产、促进贸易往来和经济发展等作用。

展览作为会展业的重要组成部分，在当今会展市场中具有举足轻重的地位。由于参加展览会、博览会能够为企业带来可观的利润，众多企业积极参与相关的展览活动，以把握商机。与此同时，部分展览会、博览会已经成为具有国际影响力的盛事。

贸易类展览会是展览活动的重要形式之一。从推动商贸业务的角度来看，举办贸易类展览会有助于企业挖掘并吸引客户、展示新产品与服务、增强企业影响力，使企业有机会直接与客户沟通并寻找合作伙伴。以德国为例，德国的参展商十分重视贸易类展览会，并为此投入大量资金。

从宏观经济的角度看，举办展览活动有助于促进经济增长、创造就业机会，并有助于市场的壮大。从社会功能的角度来看，举办展览活动有助于促进信息的广泛交流，提升展览举办地的城市形象。

展览的主要形式是展览会和博览会。了解展览会和博览会的相关概念有利于我们更好地理解展览的主要特征。

1. 展览会

展览会是一种集展示、交流、宣传和销售于一体的活动形式，通常在特定的场地（如展览馆、会议中心等）举行。展览会是在集市、庙会等活动的基础上发展而来的更高层次的活动形式，它涉及科学技术、文化艺术等多个领域。展览会通常有正规的展览场地，并需要展会主办方采用现代组织管理方式进行管理。目前，展览会已经成为现代展览业中举办频率最高、内涵最为广泛的活动形式。

一般而言，展览会特指那些与贸易有关的、具有宣传功能的展览活动，如交易会、贸易洽谈会、展销会、看样订货会等。举办展览会的主要目的是宣传推广产品、展示样品、促进销售等。

北辰会展研究院发布的《中国展览指数报告（2023）》显示，2023年，中国商业服务类展会平均面积为5.4万平方米，较2022年增长了0.5万平方米；整体展会规模以1万~3万平方米的小型展会为主，10万平方米（含）以上的展会数量达27个，比2022年增加了17个；第133届、第134届中国进出口商品交易会为商业服务类展会中面积最大的展会，总面积均达155万平方米，是国内目前面积最大的展会；2023年举办的第6届中国国际进口博览会面积为36.7万平方米，位列第二。2023年，全国共有展览场馆280座，总室内展览面积超1415万平方米，室内展览面积达到10万平方米（含）以上的展览场馆有36座，场馆供给总量处于全球领先水平；2023年，全国展会举办数量达2964个，展馆总面积达12362.67万平方米。

2023年，我国的会展业得到快速恢复。国民经济回升向好，积极因素累积增多，发展质量稳步提升，这为会展业恢复发展提供了坚实支撑。2023年，展会举办数量及规模均创近5年新高。

2019—2023年我国各地区办展数量如表2.1所示。

表2.1 2019—2023年我国各地区办展数量　　　　　　　　　　　单位：个

年份	地区						
	东北	华北	华东	华南	华中	西北	西南
2019年	126	352	1001	374	211	100	170
2020年	59	137	672	240	158	69	112
2021年	84	233	657	292	155	83	155
2022年	36	60	349	181	95	52	68
2023年	112	433	1184	536	254	177	268

资料来源：《中国展览指数报告（2023）》

2019—2023年我国各地区展会平均面积如表2.2所示。

表2.2 2019—2023年我国各地区展会平均面积　　　　　　　　单位：万平方米

地区	年份				
	2019年	2020年	2021年	2022年	2023年
东北	3.79	3.99	3.41	3.90	3.26
华北	3.51	3.92	4.01	3.27	3.33
华东	4.35	4.27	4.54	3.95	4.18
华南	5.47	5.55	6.11	6.40	5.77
华中	3.55	3.71	4.02	4.51	3.74
西北	3.91	4.09	3.74	3.31	2.96
西南	4.67	4.78	4.27	5.64	3.89

资料来源：《中国展览指数报告（2023）》

2. 博览会

博览会是指规模庞大、内容广泛、参展商和参加者众多的展览活动。博览会的档次通常较高，举办博览会有助于促进社会、经济及文化的发展。在众多博览会中，世界博览会（以下简称"世博会"）是最为知名的。世博会是一项由主办国政府组织或政府委托有关部门举办的有悠久历史和较大影响力的国际性博览会。

（二）展览旅游

1. 展览旅游的概念

展览旅游是指为促进与产品展示、信息交流、经贸洽谈等有关的展览活动的开展而为专业人士和参观者组织的旅游活动。对于展览旅游的需求方而言，他们不仅参与展览直接相关的活动，还会在参展之余开展与城市观光、购物娱乐等有关的旅游活动。对于展览旅游的服务方来说，他们的任务是为参展人员、观展人员提供各方面的旅游服务，确保他们有良好的参展体验与旅行体验。

2. 展览旅游的特点

与其他形式的旅游相比，展览旅游有其独特的特点。

（1）游客和潜在游客的数量相当巨大

通常情况下，小型展览活动的参与者可达上百人或上千人。若开展的是大中型展览活动，其所吸引的参与者人数往往是普通会议的数十倍或数百倍。1999年，以"人与自然——迈向21世纪"为主题的世界园艺博览会在云南昆明隆重开幕，国内外参观人数达到950万人次。2010年，上海世博会累计吸引了7308.44万人次的参观者入园参观。

（2）展览旅游与城市形象关系密切

组织展览旅游活动要求活动所在地配备现代化的会展设施，拥有完善的交通系统和丰富的娱乐场所，并有能力提供不同档次的住宿服务、接待服务。举办大型的展览活动能够为活动所在地带来巨大的客流量。对活动所在地而言，这既是挑战也是机遇。举办大型展览活动能极大地推动城市的基础设施建设，显著提升城市的综合接待能力，并进一步完善城市的功能。此外，庞大的客流量有利于活动所在地旅游业的发展，有利于城市知名度的提高。例如，为了迎接1999年于昆明举办的世界园艺博览会，云南省在基础设施建设、环境治理、城区改造等方面投入了大量的资金。这使得昆明的城市面貌焕然一新。

1970年的大阪世博会不仅是最早在亚洲地区举办的世博会，而且在当时被认为是举办得最出色、最成功的一届世博会，其影响力一直延续至今。为了举办世博会，日本在建设新交通系统和重建现有交通系统方面投入了大量资金。东京至大阪高速铁路线的改建和机场的扩建为游客带来了便利。大阪世博会的成功举办极大地推动了以大阪为中心的关西城市群的形成，对日本全国的经济发展和区域布局产生了深远的影响。大阪世博会结束后，大阪的城市知名度得到了进一步的提升。

（3）经济效益显著

大型展览活动的成功举办往往能够为活动所在地带来十分可观的经济收入。大型展览活动常常具备极强的产业带动效应，由其带来的间接收入也不可小觑。2010年，上海世博会成功举办，这直接带动了上海市批发零售、住宿餐饮和交通运输等行业的快速发展。2010年的统计数据显示，上海市全年批发和零售业增加值比上年增长13.1%；上海市商品销售总额增长24.2%，增幅同比提高4.9个百分点；世博特许商品累计销售额为309.58亿元；上海市全年住宿和餐饮业增加值比上年增长6.8%，上海市限额以上住宿和餐饮业营业额增长31.1%；上海市星级饭店客房平均出租率为66%，同比提高15.8个百分点；上海市国际旅游入境人数达到851.12万人次，增长35.3%；上海市全年交通运输、仓储和邮政业增加值比上年增长11.1%；上海市的货物运输总量增长5.3%，旅客发送量增长20.6%，港口货物吞吐量增长10.4%，国际标准集装箱吞吐量增长16.3%，机场旅客吞吐量增长25.8%。[1]

知识链接

世博会与国际展览局

世博会是一项大规模的、世界性的、非贸易性的产品展示和技术交流活动。一个国家如果希望承办世博会，就需要先提出申请，负责协调和管理世博会相关工作的国际展览局（Bureau International des Expositions，BIE）同意后，该国家方可承办世博会。

国际展览局的官方网站为：www.bie-paris.org。1928年，根据《国际展览公约》，国际展览局由法国发起成立，其总部设在巴黎。《国际展览公约》明确规定了世博会的分类、举办周期及参展者和组织者的权利和义务，也明确了国际展览局的工作职能。成立国际展览局的宗旨是通过举办世博会促进世界各国经济、文化和科学技术的交流和发展。

国际展览局属于政府间国际组织。其工作包括：组织、考察申办国的申办工作，协调世博会的日期，保证世博会的举办质量等。它的存在对规范、管理和协调世博会的举办具有重要意义。国际展览局的日常工作由秘书长领导。国际展览局下

---

[1] 杨群，洪梅芬.世博带动效应明显 2010年上海GDP增长9.9%[EB/OL].（2010-01-26）[2024-10-21].https://www.chinanews.com/cj/2011/01-26/2813300.shtml.

设四个委员会,分别是执行委员会、条法委员会、行政与预算委员会和信息与沟通委员会。

我国于1993年加入《国际展览公约》,正式成为国际展览局成员。作为国际展览局成员,我国认真履行职责,与国际展览局各成员密切合作,促进国际展览局各项工作正常、有序开展。中国国际贸易促进委员会一直负责世博会相关事宜的组织、协调、监督和管理工作。

世博会的历史源远流长。第1届世博会于1851年在英国伦敦举办,此次世博会展现了工业革命的巨大成就,成为推动19世纪中后期及20世纪社会发展和科学进步的强大动力,为其后举办的世博会树立了典范。总而言之,世博会在展示人类社会各项建设成就、增进国际交流、促进人类文明进步等方面发挥了积极作用。

与一般展览会相比,世博会的特点主要表现为以下几个方面。

第一,举办世博会是主权国家政府的行为。世博会的规格很高,无论是申办世博会还是参加世博会,都是主权国家政府的行为。这是世博会与一般展览会的首要区别。因此,各世博会国家馆展示的内容应体现本国的特色。

第二,世博会具有明确的主题。世博会的主题通常展现的是人类在社会发展中面临的重大问题和需要探讨的课题,世博会的相关活动均应围绕某一主题展开。

第三,世博会的举办时间较长。一般来说,世博会的举办时间最短为3个月,有的世博会的举办时间长达6个月。

第四,世博会集多种功能于一体。世博会既有传播知识的功能,也有展示最新科研成果、促进经贸交流的功能。

总之,世博会不是单纯的展览会,而是一种大规模的以展示为主要手段的交流活动。一个国家要想成功地举办一届世博会,必须投入大量的人力、物力、财力,科技水平、管理水平、人员素质等也要达到相应的水平。

二、与展览旅游相关的行业

(一) 展览业

人类的贸易起源于物物交换。在过去,人们为了达到交换的目的而展示物品。随着社会和经济的发展,交换的次数在不断增加,交换的规模和范围也都在不断扩大,交换的场所也发展为在时间和地点上具有固定性的集市。18—19世纪,在工业革命的推动下，欧洲出现了工业展览会。工业展览会的举办体现了工业社会的主要特征，这种展览会不仅有严密的组织体系，而且规模较大。19世纪末，在已有的展示性的工业展览会的基础上，现代展览产生了。贸易展览会和博览会都属于现代展览。

1851年，英国举办了世界上第一个博览会。19世纪末，世界上第一个样品展览会在德国莱比锡举办。由此可见，从世界范围来看，展览业并不是一个新近诞生的行业。

展览是因经济方面的需要而产生和发展的。几百年来，举办展览的目的基本未变，即通过"展"和"览"达到交换的目的，但其形式却一直在更新。当旧的展览形式不能适应经济发展的需要时，它就会被淘汰，并被新的展览形式所代替。展览业的发展状况取决于经济的发展状况，同时，展览业的发展能够促进经济的发展。

展览旅游被看作现代市场经济条件下的一种新兴的旅游形式，属于现代服务业。展览旅游与展览业息息相关，二者不可分割。只有出现了展览活动，才有展览旅游这种特殊的旅游形式，因此，展览业的兴衰直接关系到展览旅游这种旅游形式的发展。展览业作为现代服务业的重要组成部分，是促进技术进步和贸易交流的利器，其发展十分迅猛。

科技的进步给展览业带来了发展的动力。工业革命和产业革命的出现扩大了世界各国的生产规模和市场规模，这也为展览业开辟了广阔的发展空间。进入20世纪后，第三次科技革命的出现推动了生产力的发展，加速了经济全球化的进程。展览会是展示、销售科技产品的前沿阵地，各类展览会的影响力也因此不断扩大。

拓展阅读

中国会展经济圈粉国际旅行者[①]

在中国，文化产业与旅游产业的融合发展已成为推动地方经济、促进国际交流的重要力量。天津这座充满历史底蕴与现代活力的城市，通过举办中国文化旅游产业博览会，成功吸引了众多国际旅行博主的关注与喜爱，成为展现中国文化特色的重要窗口。

2024年，众多外国旅行博主因参加中国文化旅游产业博览会而首次踏足天津。

---

① 宋瑞，王宁.中国会展经济圈粉国际旅行者[EB/OL].（2024-10-10）[2024-10-21].http://www.xinhuanet.com/20241010/82e1882264bf4845a16d6f8c0b91b4ff/c.html.（有删改）

摩尔多瓦的全职旅行博主爱琳在博览会举办期间通过"文旅智能伴游"系统迅速获取了畅游天津的攻略，了解了天津有哪些具有中国文化特色的景点、特色小吃。她赞叹道："中国的每座城市都是独一无二的，天津也是如此。"爱琳将自己在天津的所见所闻发布在社交账号上，吸引了大量海外网友的关注。

国际旅行者们在展会期间领略了天津的自然风光与人文景观。从渤海湾畔到黄崖关长城，再到古文化街，天津的每一处景点都让他们流连忘返。美国演员鲁本在天津广东会馆观看了具有中国传统风格的表演，并表示表演非常有趣。

本届博览会共吸引约2000家企业来津参展，展会及各项活动参与人数达28.16万人次，展会期间线上线下成交额达3.85亿元，项目签约额达300.7亿元。在展馆配套区，万豪酒店和福朋喜来登酒店常常一房难求。卢旺达参展商乌穆霍扎对酒店环境和服务给予了高度评价，并期待更多非洲游客来到中国感受中国魅力。

在中国，会展业的发展水平已成为衡量一个城市开放度、发展活力和潜力的重要标志之一。天津的会展经济不仅推动了当地经济的发展，还吸引了大量国际旅行者。同时，中国其他城市的会展业也呈现出蓬勃发展的态势，如在广州举办的中国进出口商品交易会、在杭州举办的全球数字贸易博览会等都已成为具有国际影响力的盛会。此外，各地的会展经济还与会议、论坛、节事等活动相融合，为当地培育了新的消费增长点。

（二）旅游业

展览旅游与展览活动紧密相关。作为旅游的一种特殊形态，它与旅游业的关联也十分密切。可以说，展览旅游是展览业与旅游业相融合的结果，它有效地将这两个行业结合在一起。展览旅游的发展离不开旅游业的发展。旅游业的繁荣发展是展览旅游迅速发展的重要前提条件。只有旅游资源丰富、服务体系完善的城市才有能力承办展览活动。例如，很多全球知名的展览城市（如汉诺威、法兰克福、米兰、巴黎）同时也是备受游客青睐的旅游胜地，这些城市的展览业与旅游业实现了共同发展。

自古以来，旅游便与宗教朝圣、商贸往来、探险探秘等多种人类活动密切相关。然而，旅游业的真正兴起出现在各国社会生产力提升、民众生活水平提高后。在旅游业兴起的过程中，交通工具的革新起到了关键的推动作用。1825年，英国修建了世界上的第一条铁路。1841年，托马斯·库克采用包租火车的方式，组织了500多人参加禁酒大会；托马斯·库克精心策划和组织的这次活动也是历史上的第一次团体火车旅行，现代旅游业的萌芽由此出现。

随着社会劳动生产率的提高和经济的持续增长，个人收入水平不断提高，消费结构也发生了转变，旅游开始成为广大民众日常生活中不可或缺的一部分。第二次世界大战结束后，科技的发展不仅使旅行时间大幅缩短，还极大地提升了旅行的舒适性与安全性。与此同时，带薪休假制度的普及使更多人有机会享受旅游的乐趣，旅游活动日益普及化。在此背景下，旅游业在全球众多国家迅速发展，并成为一些国家的重要经济支柱。例如，对于瑞士、奥地利、马耳他、新加坡等国，旅游业在国民经济中占据了举足轻重的地位，在促进经济增长、创造就业机会、提升国际形象等方面发挥着重要的作用。

旅游业的发展深受国民经济发展水平的影响与制约，同时，它也直接或间接地影响着餐饮业、住宿业、交通运输业、通信业、轻工业等行业的发展。随着社会的进步，旅游业在各国国民经济中的地位愈发重要。

传统旅游业主要依赖旅游资源来吸引游客，因此，旅游资源的多样性、开发程度、利用效率及保护措施成为决定旅游业兴衰的关键因素。旅游业的发展具有一定的周期性，易受气候条件和假期安排的影响。尽管价格调整能够在一定程度上缓解供求矛盾，但这一影响却难以完全消除。作为商务旅游的一种形式，展览旅游通常不受旅游淡旺季的影响。可以说，展览旅游的兴起为旅游业带来了新的增长点，为其注入了新的活力。

（三）酒店业

酒店业的发展与旅游业的发展息息相关。如果旅游业发展速度缓慢，酒店业的发展必然会受到影响，这种影响对传统旅游城市而言表现得尤为显著。因此，酒店业需要积极寻找新的经济增长点。对于酒店业而言，游客是重要消费群体之一，但经常出差的商务人士，尤其是展会代表，也是为酒店业带来巨大利润的主要客源。因此，利润丰厚的展会市场也成为酒店业的竞争主体所关注的焦点。

相较于一般游客，参与展览旅游活动的游客消费水平通常更高，其在购物、餐饮等方面展现出强大的消费能力，这为展览举办地带来了可观的经济收益。与此同时，参与展览旅游活动的游客不仅需要参加展览，还需要进行参观游览，他们在展览举办地逗留的时间远超一般游客，因此，他们的消费额通常也更多，特别是在餐饮方面。此外，展览旅游受气候和季节的影响较小，不少展览旅游被安排在旅游淡季，这种做法有效缓解了旺季与淡季客源不平衡的问题，提高了酒店的效益。

展览旅游消费涵盖了住宿、餐饮、交通、娱乐、购物等多个方面。这种综合性的消费模式为酒店业带来了显著的经济效益，因为游客在参加展览的同时往往需要在酒店享受餐饮服务。综上所述，展览旅游已成为推动酒店业发展的新引擎。

2.2　展览旅游的参与主体

展览旅游是一种以参展和观展为主要内容的商务旅游形式，相关活动通常在基础设施完善、经济发展水平较高的地区开展，因此，展览旅游可被视为都市旅游的一部分。展览旅游不仅包括参展或观展等核心环节，还包括参观考察、游览、购物等其他附加活动。

对于展览组织者而言，尽管其主要任务是举办展览而非组织旅游活动，但展览的举办为人们提供了参加展览旅游活动的机会。参展商和参观者前往展览举办地的主要目的是参加展览、交流信息、宣传产品、进行贸易洽谈；同时，他们也有机会在展览举办地参与旅游活动。从展览旅游的全过程来看，展览旅游的参与主体包括参展商、参观者、展览组织者、交通服务供应商、餐饮服务供应商、住宿服务供应商及其他服务供应商等。

一、参展商和参观者

展览的参展商和参观者是展览旅游的主要消费群体。参展商出于商务目的参加展览，将展览活动视为展示产品或服务、交流信息、促进贸易的重要平台。参展商的参展流程通常为：

获取展览信息→通过参展说明书与展览组织者建立联系→作出参展决定→通过展览组织者预订展位→通过展览组织者联系展览服务承包商→依据展览服务手册的规定购买或租赁服务和材料（如制作展位标识等）

与参展商不同，参观者不需要通过以上流程参加展览。一些参观者属于潜在客户，他们参加展览的目的是寻求与参展商洽谈贸易的机会，即寻找商机；还有一些参观者仅仅是为了获取信息而参加展览。

二、展览组织者

　　展览组织者是展览举办过程中的主要参与者，负责展览的组织和策划、招展、招商等事宜，并在展览事务中发挥主导作用。在我国，展览组织者一般分为主办方和承办方。一般来说，主办方负责制订并执行展览计划，组织招展，负责财务方面的事宜，并承担举办展览的民事责任；承办方主要负责与展览相关的具体工作，如展览施工、安全保卫工作及会务工作。

　　我国境内展览的主办方主要包括企业、行业协会、政府部门及相关机构三大类。例如，全国糖酒商品交易会由中国糖业酒类集团有限公司主办，中国国际玩具及教育设备展览会由中国玩具和婴童用品协会主办，中国国际进口博览会的主办方是商务部和上海市人民政府。有些展览的主办方是多元化的，例如，易派客工业品展览会就是由易派客电子商务有限公司、中国石油和石油化工设备工业协会主办的。展览的承办方可能是主办方的下属单位，也可能是主办方所委托的专业展览公司。

三、交通服务供应商

　　旅游离不开交通，交通对展览旅游而言是十分重要的。参展商和参观者在展览旅游的过程中需要交通服务供应商提供相应的服务，常见的交通服务供应商包括航空公司、铁路公司、公路运输公司等。这里所提到的交通服务供应商一般不包括那些为展览运输设备和器材的服务商。

　　通常情况下，参与展览旅游活动的参观者会在出发前就安排好旅行计划，明确所乘坐的交通工具。展览组织者有时会为参展商安排好与交通有关的事宜，如果展览组织者没有事先安排相关事宜，参展商则需要自行安排。

四、餐饮服务供应商、住宿服务供应商

　　参展商和参观者除了需要交通相关的服务外，还需要与"食"和"住"有关的服务。餐饮服务供应商和住宿服务供应商可分别提供餐饮服务和住宿服务。餐饮服务供应商、住宿服务供应商可以由展览组织者指定，参展商和参观者也可以自行决定。需要注意的是，这里所提到的餐饮服务供应商和住宿服务供应商不仅提供展览旅游方面的服务，还为展览提供相应的服务。

五、其他服务供应商

在展览旅游中，参观者的主要参观对象是展览。展览旅游与其他休闲旅游的本质区别在于，参加展览旅游活动的参观者来到展览举办地的主要目的是参观展览。除了交通服务供应商、餐饮服务供应商、住宿服务供应商，一些中介机构也是展览旅游的参与主体，如旅行社、票务代理公司等。旅行社在组织旅游、预订饭店等方面具有专业优势。因此，在筹办展览的过程中，一些主办方会寻求旅行社的帮助。目前，旅行社的业务呈现出多元化的趋势，不少旅行社开始涉足与展览有关的业务，甚至成立了专门的部门或分支机构来承接与展览有关的业务。在我国，旅行社涉足展览旅游业务的主要形式是组织团队参加某个展览。这种展览旅游活动的开展通常以参观者参加大型展览为前提，如世博会或专业博览会。展览旅游的发展也使旅行社有机会开发更多的旅游产品，使其业务种类更加丰富。

2.3 国内外展览业的发展现状

展览旅游已经成为受到世界各国关注的旅游形式之一。许多国家视其为高回报的旅游形式，并积极提供支持。部分国家更是推出了具有创新性的展览旅游产品，旨在缓解其他旅游产品需求减少对本国旅游业及经济的冲击。同时，各国对世博会等重大国际展览活动的承办权的争夺愈发激烈。为了提升自身吸引力，众多国家不惜投入大量的资金、人力资源和技术力量，不断改进和完善会展设施，并着手建设规模较大的会展中心。

一、国外展览业的发展现状

（一）欧洲展览业的发展

欧洲在全球展览业和旅游业占据着领先地位。尽管近年来欧洲旅游业的收入增长速度不及亚洲，但从总体市场份额的角度来看，与其他地区相比，欧洲展览旅游的总体发展依然遥遥领先。几个欧洲主要国家在展览业和旅游业方面的表现充分展示了欧洲在展览旅游领域的强大实力。

1. 德国

德国展览业拥有超过800年的发展历史。在世界范围内，德国在该领域占据主导地位。目前，德国是全球最重要的展览举办国之一，被誉为"世界展览王国"。德国举办的权威性展览深受参展商和参观者的喜爱。德国之所以在展览界享有盛誉，主要得益于其优越的地理位置、庞大的消费市场，以及其为参展商和参观者提供的高质量的展会服务。

德国拥有众多会展中心、展览公司、服务机构以及相关的行业协会和组织。展览业对德国国民经济具有重要意义。据德国展览业协会统计，该行业每年创造的产值高达280亿欧元，德国通过举办展会提供了23万个就业岗位，相关企业平均每年缴税约45亿欧元；每年有160~180场国际性和全国性展会在德国举办，吸引了总计超过18万家参展商和约1000万名参观者；其中，60%的参展商和35%的专业参观者来自其他国家；此外，德国每年还举办约200场地区性展会，有5.5万家参展商和约600万名参观者前去交流。[①]这也使得德国的展览旅游发展迅速。

德国展览业和展览旅游的迅速发展与以下因素密切相关。

（1）德国有全国性的权威行业协会

德国展览业协会成立于1907年，是德国最重要的展览组织，在世界展览界也有很强的影响力。德国展览业协会紧密联系德国展览场地拥有者、展览组织者、参展商、参观者、展览服务企业等各相关主体，为成员提供所需的展会信息和服务。作为该领域的主要协会，德国展览业协会致力于促进成员之间的信息交流和经验交流。

（2）注重为展览制订长期的计划

在德国，大多数展览的举办计划都是展览组织者与参展商、专业观众、协会密切协商后制订出来的，而且展览组织者会根据各行业不断变化的市场条件对计划进行调整。

（3）注重宣传

为了树立自身品牌，德国的展览组织者会不断在世界各地进行宣传，吸引参展商和专业观众。对于参展潜力比较大的国家，展览组织者会专门派代表前去宣传，介绍展览的相关情况，并为感兴趣的参展商提供咨询服务。即使有些展览已经十分火爆，甚至展位已满，展览组织者也会不断进行宣传，以提高展会品牌知名度。德国的展览组织者所准备的宣传资料相当完备，这些宣传资料往往会结集成册，其中的内容不仅

---

① 徐四季.德国何以成为会展强国[EB/OL].（2023-03-22）[2024-10-22].http://www.xinhuanet.com/globe/2023-03/22/c_1310704005.htm.

包括历年展会的情况回顾，还包括对欧洲或全球范围内某一行业的发展趋势和动态的介绍，同时涵盖参展费用、展位装修费用等信息。

（4）展览场地设施先进

德国展览场地的设施处于国际领先水平。据德国展览业协会统计，德国拥有25个大型展览场馆，室内展览面积可达282万平方米，这些大型展览场馆可用于举办各种国际性和全国性会展活动；此外，德国还有总计约39万平方米的地方性小型场馆，各类场馆设施完备，兼具举办展览、召开会议等多项服务功能。[①]目前，德国各大展览中心还在不断投入资金，以扩大展览面积，改善展览设施。

（5）重视教育与人员培训

德国展览业协会将教育和培训视为核心使命，以确保展览工作人员具备高水平的专业素质，这是德国展览业占据全球领先地位的关键。许多大型展览公司（如法兰克福展览公司）的年营业额高达数亿欧元，这与其拥有强大的专业团队息息相关。

（6）拥有卓越的服务水平

德国展会以其国际领先的服务质量著称。例如，德国纽伦堡国际有机食品展览会的组织者致力于为参展商和参观者提供细致入微的服务，其为参展商和参观者提供的资料内容丰富，这也体现了其对参展商和参观者的重视。

2. 法国

法国作为世界重要的旅游目的地，拥有丰富的历史文化和自然风光等旅游资源。展览旅游是法国旅游业的重要组成部分，对法国经济发展起着重要作用。法国的主要展览城市包括巴黎、戛纳等，这些城市拥有先进的展览场馆和完善的配套设施，吸引了大量国内外企业、组织和个人前来参展和观展。巴黎是法国展览旅游的中心，拥有众多规模较大的会展企业。此外，巴黎还举办过不少在世界范围内十分具有影响力的博览会，这些博览会吸引了大量的参观者和参展商。

与德国相比，法国在举办综合性展览上具有优势。国际展览业协会发布的《2023年世界展览场馆地图》的相关数据显示，2022年，法国5000平方米以上展馆数量达84个，累计总面积为207.9万平方米。法国会展协会官网的统计数据显示，2022年，法国举办的国际展览会吸引了61209家参展商和172.6万名参观者，其中包括36万名国外参观者。

---

① 徐四季.德国何以成为会展强国[EB/OL].（2023-03-22）[2024-10-22].http://www.xinhuanet.com/globe/2023-03/22/c_1310704005.htm.

3. 英国

虽然英国举办了世界的第一个博览会，但是其展览业的规模和发展水平落后于德国、法国和意大利。近年来，英国的展览业进入了前所未有的高速发展阶段。

活动产业联盟官网的统计数据显示，2022年，英国举办了969个展览会，展览场馆总面积为60万平方米，有约610万名参观者和12万家参展商参加了展览会，展览会为英国提供了超过4.7万个直接就业岗位；2023年，英国举办了1016个国际和国内展览会，吸引了690万名参观者和13.1万家参展商，展览会为英国提供了超过5.1万个直接就业岗位。

4. 意大利

意大利是一个加工业较为发达的国家。一方面，鉴于其产品主要面向出口市场，推广和营销工作就显得尤为重要。另一方面，意大利的众多中小企业因财力有限，难以独自承担在国际市场推广产品所需的高额费用。为了有效扩大出口，意大利每年会在全国范围内举办近200场各类展览会。举办这些展览会不仅有助于宣传意大利的国内产品，还有助于促进技术交流与合作，从而有力推动出口贸易的发展。

国际展览业协会发布的《2023年世界展览场馆地图》的统计数据显示，截至2022年年底，意大利5000平方米以上的展馆有48个，室内展馆面积达到243万平方米；其中，展厅面积大于10万平方米的展馆有7个。意大利的大型国际展览会主要集中在米兰、博洛尼亚、罗马和维罗纳这四个城市。意大利展览业协会官网的统计数据显示，意大利的展览旅游每年为意大利带来超过100亿欧元的收入，提供约9万个工作岗位；参观展览的游客平均每年在旅游商品和服务上花费42.5亿欧元。意大利展览业的发展为意大利带来了源源不断的高消费游客；2023年，意大利举办了267场国际展览会和216场全国性展览会和地方展览会，游客人数恢复到了新冠疫情前的水平。

（二）美洲展览业的发展

虽然美洲展览业的发展迟于欧洲，但是由于第二次世界大战后美国经济的崛起，美洲的展览业发展迅猛，展览场馆的数量和展厅面积总体规模均迅速增加。国际展览业协会发布的《2023年世界展览场馆地图》的统计数据显示，截至2022年，北美洲拥有超过5000平方米的展馆352个，其中美国拥有超过5000平方米的展馆283个，美国展馆的总面积达到626万平方米。在美国，超过10万平方米的展馆有5个，2万～10万平方米的展馆有79个。美国旅游协会官网的统计数据显示，2023年，全球游客在美国的直接消费额达1.3万亿美元，其中会展旅游贡献了2940亿美元。

中美洲和南美洲会展业的经济总量要比北美洲小得多。国际展览业协会发布的《2023年世界展览场馆地图》的统计数据显示，截至2022年，巴西拥有超过5000平方米的展馆51个，展馆总面积达105万平方米。墨西哥展销会、展览会和会议专业人员协会2024年发布的研究报告显示，2023年，墨西哥举办的968个展览会的总产值为1433.03亿比索，占该国国内生产总值的0.51%；同时，展览业为墨西哥提供了11.36万个直接就业岗位。

二、我国展览业的发展现状

（一）港澳台地区展览业的发展

1. 香港

香港是亚太地区重要的会展中心之一，被誉为"国际会展之都"。香港举办的展会数量并不多，但香港举办的多数展览会的规模和知名度都位居亚太地区前列。国际展览业协会的统计数据显示，2022年香港室内展馆总面积达14.98万平方米。香港展览会议业协会的统计数据显示，2022年以来，香港的展览活动有所恢复，国际商务旅客重返香港；2023年在香港举办的大型展览（占地超过2000平方米的展览）的数量比2022年增加了30%，参展商数量显著增加；2023年香港的展览参观者人数超过140万人次，比2022年增长了560%。

2. 澳门

2016年，澳门贸易投资促进局执行了多项会展专项扶助计划，包括《会展活动激励计划》《国际性会议及专业展览支持计划》及《会展专业人才培训支援计划》。2018年，澳门贸易投资促进局发布了《会议及展览资助计划》，以提升澳门会展业的竞争力，将澳门打造成为举办会议及展览活动的热门目的地。

2024年2月，澳门特区政府统计暨普查局公布的数据显示，2023年澳门全年共举办1139项会展活动；展览的入场观众总人数为142.2万人次，与2022年相比增长了3.3%；展览共吸引7199个参展商及6万名专业观众，两项数据分别同比增长了27.5%和45.5%，其中来自外地的参展商及专业观众分别占51.6%和57%。

3. 台湾

2023年，我国台湾地区的展览旅游呈现出逐步复苏的态势，台湾地区旅游限制措施的逐渐放宽为展览旅游的发展提供了有利条件。台湾拥有丰富的旅游资源、完善的旅游设施和优质的服务，吸引了众多游客前来参观展览、旅游观光。台湾的展览业涵盖了多个行业，如五金、家具、旅游、美容等。这些展览活动不仅展示了台湾各行业的最新产品和技术，还促进了行业间的交流与合作。同时，台湾的展览业也呈现出鲜明的特色，如注重品质和创新、强调专业化和国际化等。

（二）内地展览业的发展

随着内地展览业专业化、市场化及国际化水平的不断提升，中国国际进口博览会、中国进出口商品交易会、中国国际高新技术成果交易会等一系列具有国际影响力的知名展会不断涌现。这些展会的规模持续扩大，吸引了众多的参展商和参观者，进一步彰显了展览在促进贸易交流、扩大出口方面起到的积极作用。展览业的蓬勃发展带动了展览旅游的快速发展。

近年来，内地展览业的发展趋势呈现出多元化、专业化、国际化以及融合化的特点。

展览业的多元化体现在展览内容和形式的不断创新上。随着消费者需求的日益多样化，内地的展览不再局限于传统的商品展示和交易，而是更多地融入了文化、艺术、科技、教育等元素，形成了丰富多彩的展览形式。例如，一些以文化创意、科技创新为主题的展览吸引了大量参观者，成为内地展览的新亮点。

专业化是内地展览业的一大发展趋势。随着展览业的竞争加剧，越来越多的展览开始注重专业化和细分化，以吸引特定领域的参观者和参展商。这种专业化的趋势不仅提高了展览的质量和水平，也使内地的展览向着专业化的方向发展。

随着全球化的加速推进，越来越多的国际展览品牌开始进入内地市场，与本土展览品牌形成竞争与合作的关系。这种国际化的趋势不仅提升了内地展览业的整体水平，也为内地企业提供了更多与国际接轨的机会。

当前，展览业不再是一个孤立的存在，其与文化、商业等多个领域相互融合，形成了多元化的产业链。这种融合化的趋势不仅丰富了展览业的内涵和外延，也促进了相关产业的协同发展。

拓展阅读

中国国际进口博览会的举办对中国旅游业的影响
——基于对第7届中国国际进口博览会相关数据的分析

一、背景与概况

中国国际进口博览会（以下简称"进博会"）自2018年首次举办以来，已成为全球贸易与服务业交流的重要平台。于2024年举办的第7届进博会以"新时代，共享未来"为主题，吸引129个国家和地区的3496家展商参展[1]，按年计意向成交突破800亿美元[2]，其中服务贸易板块的表现尤为突出，为旅游业发展提供了关键机遇。

商务部数据显示，2024年，我国全年服务进出口总额首次突破1万亿美元，规模再创历史新高；旅行服务增长最快，全年进出口达20511.5亿元，增长38.1%，为服务贸易第一大领域。[3]这与进博会所推动的国际旅游合作密不可分。

二、进博会对中国旅游业的多维度影响

（一）提升国际旅游市场竞争力

1. 入境游的复苏与增长

第7届进博会举办期间，中国通过优化免签政策、增加国际航班运力等措施吸引国际游客。2024年，6488.2万人次外国人入境中国，同比上升82.9%；全国口岸累计出入境人员达6.1亿人次，同比上升43.9%。[4]通过进博会平台签约的旅游合作项目贡献显著。例如，中国旅游集团交易分团与包括雅诗兰黛、轩尼诗、保乐力加等在内的20家海外供应商签约，签约项目涵盖美妆、食品等品类。

2. 国际品牌的本土化深耕

众多酒店集团通过第7届进博会这一平台展示其本土化成果。例如，万豪国际集

---

[1] 樊宇.双向奔赴，人员往来编织"共赢链"：从要素流动感受中国经济新活力之一[EB/OL].（2025-03-01）[2025-03-02].https://www.xinhuanet.com/fortune/20250301/2ea17adf895a476eab2d3d8aa7ffefd7/c.html.
[2] 周蕊,谢希瑶.第七届进博会丨第七届进博会按年计意向成交突破800亿美元[EB/OL].（2024-11-10）[2025-03-02]. https://www.news.cn/world/20241110/90493138fb864b77b2a84597715ff669/c.html.
[3] 罗珊珊.我国服务贸易规模首次超过万亿美元[N].人民日报,2025-02-04（1）.
[4] 同[1].

团在中国运营570多家酒店，提供9万多个就业岗位，本土总经理占比81%，以24个品牌为全球旅行者服务。①这些品牌的在华发展不仅提升了中国的旅游接待能力，还通过"主客共享"模式促进了城市文旅消费的升级。

（二）推动旅游产品与服务的创新

1. 智慧旅游与业态相融合

第7届进博会展示了旅游科技的最新应用。例如，华住集团推出的自助洗衣、智慧送物等系统，提升了游客体验；携程、同程旅行等平台通过AI技术优化行程规划，推动行业智能化转型。

2. 高端旅游产品带来新机遇

在第7届进博会上，来自全球各地的知名邮轮公司首次共聚于此，向中国公众展示各具特色的"邮轮+"旅行航线产品。皇家加勒比集团携旗下各品牌相继发布2025年航季全球航线新产品，推动了出境游市场的多元化发展。

（三）拉动区域旅游经济

1. 上海及周边地区旅游经济持续升温

去哪儿网的数据显示，第7届进博会期间上海酒店订单量与第6届相比增长了8成；从国外赴上海的国际航班机票订单量与去年同期相比增长超过1倍；上海鲁能JW万豪侯爵酒店在进博会期间入住率达到85%左右，达到年内的旺季水平。②

2. "会展+旅游"联动模式成为亮点

第7届进博会的举办带动了长三角地区旅游资源的整合，具体表现如下。

（1）旅游资源展示平台的搭建

第7届进博会现场设置了大量旅游资源展示及文化演出区域，为长三角地区的城市提供了向世界展示旅游景点、旅游线路、旅游文化的机会，增强了长三角地区旅游产品的知名度和吸引力。

（2）旅游合作机制的建立

第7届进博会的举办促进了长三角地区旅游合作机制的建立。长三角三省一市旅游协会积极响应长三角一体化发展这一国家战略，建立了长三角旅游协会一体化合作机制，通过联席会议、论坛等形式与相关部门和机构共同商讨长三角地区旅游资

---

① 肖阳.入华50周年，万豪国际进博会上发布深化中国市场发展战略[EB/OL].（2024-11-07）[2025-03-02].https://m.mp.oeeeee.com/a/BAAFRD0000202411071022292.html.
② 陈爱平，许晓青.第七届进博会丨中外旅游业界携手推动旅游经济高质量发展[EB/OL].（2024-11-09）[2025-03-02].https://www.news.cn/world/20241109/a0f62299d74f41088722fdc6944fdfdb/c.html.

源的整合和开发问题。

（3）旅游产品的联合推广

长三角地区利用进博会这一平台，联合推出了多种旅游产品。例如，部分城市针对进博会参加者出游时间有限、对水乡古镇和江南文化兴趣浓厚等特点，打造了富有特色的旅游产品和线路。这些旅游产品将长三角地区的优质旅游资源进行了整合，形成了具有特色的旅游品牌。

2.4 展览旅游与展览业的发展趋势

一、国际展览旅游与展览业的发展趋势

（一）展览旅游与会议旅游之间的联系越发紧密

近年来，展览旅游与会议旅游之间的界限越来越模糊，两者逐渐融合为一个整体。会议经济的发展速度快于展览经济，这种趋势促使展览旅游和会议旅游更加紧密地结合在一起。在一些情况下，会议组织者在举办国际会议的同时也会举办一些具有商业性质的展览；而展览组织者在举办国际性展览的同时也会召开研讨会、专题会等多种形式的会议。因此，现在人们在进行统计和研究时，更倾向于将展览旅游与会议旅游视为一个整体。例如，某些学者就提倡将会议、展览、奖励旅游、大型赛事及节庆活动等统一归类为"事件产业"，在进行研究时对这些活动所产生的经济效益进行整体分析。

（二）展览业和展览旅游受到越来越多国家的重视

越来越多的国家开始重视展览业，特别是发展中国家。一些亚洲国家和非洲国家的展览业在国际展览界中的地位变得越来越重要，甚至已成为国际展览业未来实现高速发展的关键因素。作为一种新兴的旅游形式，展览旅游对各国挖掘本国旅游资源、促进社会经济发展具有重要意义。

（三）展览活动走向国际化

随着世界经济一体化进程的推进，国际性展览的数量不断增加，国外参展商、采购商和参观者的数量也有所增加，举办国际性展览在提升国际旅游人数、增加国际旅游收入等方面所起到的作用日益显著。

二、我国展览旅游与展览业的发展趋势

（一）展览规模持续扩大促进展览旅游快速发展

近年来，我国展览旅游的市场规模不断扩大。我国展览旅游市场在全球市场中占据着重要的地位。当前，我国展览旅游的硬件设施不断完善，且旅游规模不断扩大。展馆数量的增加和展馆室内可租用面积的扩大为展览旅游的发展提供了空间。展览旅游是一种由展览引发的旅游形式，因此，展览旅游的规模与展览的数量和规模息息相关。根据市场研究机构Market Research Future的预测，全球会展业的市场规模将从2022年的8715亿美元增长至2032年的17276亿美元，复合年均增长率将达到7.9%。这表明全球展览旅游市场将持续保持增长态势。全球展览业整体发展趋势持续向好为我国展览业和展览旅游的发展提供了良好的外部环境。随着我国经济的持续发展，我国展览旅游市场有望进一步扩大。

（二）技术创新与数字化转型推动展览旅游深度发展

当前，大数据、人工智能、虚拟现实、增强现实等技术在展会中得到更广泛的应用。这些技术的应用将提高展览的组织效率，为参观者带来更加丰富的体验，吸引更多参展商的参与，并推动展览旅游的深度发展。

（三）绿色展会带动展览旅游健康发展

随着人们环保意识的提高，展览旅游行业也更加注重可持续发展。其主要表现包括减少展览活动对环境的负面影响、推广绿色出行和绿色住宿、广泛使用可再生资源和环保材料等。未来，展览旅游公司将更加注重将可持续发展的理念融入产品和服务中，以吸引更多关注环保和可持续发展的消费者。

（四）国际化合作与区域合作保障展览旅游高质量发展

当前，我国越来越多的展览旅游公司不断提升国际化水平，与国际知名展会和企业开展合作，共同举办具有国际影响力的展览活动。这将有助于提升中国展览旅游的国际竞争力。

此外，展览旅游行业越发重视与其他行业的区域合作，共同推动地方经济的发展。相关企业通过整合区域资源、打造特色展会品牌，提升区域展览旅游的整体竞争力，从而推动国内展览旅游市场的持续发展。

（五）专业化与细分化推动展览旅游精细化发展

随着各行业垂直细分程度的提高，展览旅游的专业化程度也不断加深。未来，展览组织者将更加注重与特定行业或领域深度融合，打造专业交流平台，以满足不同行业的需求。展览旅游公司将积极拓展细分市场，为特定行业、特定群体定制旅游产品，这将有助于提升展览旅游的吸引力。

（六）政策支持拉动展览旅游可持续发展

未来，我国将通过出台各类政策进一步支持展览业的发展。这些政策将涵盖展馆建设、展会举办、参展补贴等多个方面，并为展览业提供有力支持。展览业的壮大和发展无疑将带动展览旅游的快速发展。

章前案例分析

德国的国土面积不大，但是德国在国际贸易展览领域长期处于世界领头羊的位置。展览业是对德国国民经济具有重要影响的产业。德国展览业的经济效应之所以如此之大，一是因为德国有较为优越的地理位置，二是因为德国拥有庞大的消费市场，三是因为德国能为参展商和参观者提供高质量的展会服务。

德国采取国际化战略，既积极引进来，也大胆走出去。一方面，德国积极开展国际招商工作，采取有效手段吸引国外参展商来德国参展；另一方面，相关人员努力拓展海外市场，直接在海外组展或派专业人士去目标国家协办展览。同时，品牌化经营是德国会展业生命力旺盛的关键，也是德国抢占世界展览制高点的一大法宝。在政府的积极扶持和行业协会的有效规划下，一系列全球知名的国际品牌展会在德国不断涌现。

本章小结

本章根据国内外有关展览旅游的研究文献，阐述了展览活动和与其密切相关的展览旅游的基本概念，并对国内外展览旅游和展览业的现状与发展趋势进行了深入的分析。

复习思考题

一、名词解释

展览　展览旅游

二、简述题

1. 简述展览旅游的主要形式。
2. 简述展览旅游和传统旅游的区别。
3. 简述旅行社和酒店重视展览旅游的原因。
4. 简述国内展览业的发展趋势。
5. 调查你所在城市的展览业和展览旅游的发展情况，分析其存在的问题。
6. 简述展览旅游的参与主体。

三、案例分析

结合以下材料论述展览业与酒店业之间的良性互动关系。

从客源的角度来看，随着展览业规模与展览水平的不断提升，展览所带来的庞大的人流量为展览举办地的酒店提供了大量的客源。例如，第134届中国进出口商品交易会线下展于2023年11月4日在广州落幕。截至2023年11月3日，共有来自229个国家和地区的境外采购商线上或线下参会。[①]毫无疑问，这场展会的举办为广州的酒店带来了大量的客源。

---

① 中国国际贸易促进委员会.中国展览经济发展报告2023[R/OL].（2024-01-10）[2024-10-23].https://www.ccpit.org/image/1641603198017880066/d921631cbc2a43b195a10a2890bc09c0.pdf.

从收益的角度分析，展览业的发展能够对酒店经济效益的提升起到积极的作用。据专家估算，展览业对一国经济发展的直接带动系数高达1∶5，而间接带动系数更是达到了1∶9。在展览举办期间，参展人员及相关人员在酒店住宿并享受餐饮服务，这为酒店带来了可观的收益。去哪儿网的数据显示，2023年，在第3届中国国际消费品博览会举办期间，海口的酒店预订量比2019年增长了80%。[①]

　　从质量提升的角度来看，展览业的快速发展对酒店的服务提出了更高的要求。为了满足参观者的需求，酒店必须充分发挥自身优势，加强硬件设施和软件设施的建设，不断提升服务质量。

　　总的来看，展览业和酒店业在相互协调、相互促进中实现了良性互动和共同发展。

[①] 中国国际贸易促进委员会.中国展览经济发展报告2023[R/OL].（2024-01-10）[2024-10-23].https://www.ccpit.org/image/1641603198017880066/d921631cbc2a43b195a10a2890bc09c0.pdf.

第三章

节事旅游

学习目标

知识目标

- 理解现代节事活动与旅游业的关系；
- 了解节事旅游的类型；
- 了解节事旅游的特点和意义。

技能目标

- 能在数据收集和信息收集的基础上对常见的节事旅游活动进行剖析。

关键词

- 节事、节事旅游、节事旅游的特点

案例导入

第41届潍坊国际风筝会[①]

2024年4月19日晚，第41届潍坊国际风筝会暨2024潍坊风筝嘉年华开幕式举行。

开幕式次日，第20届世界风筝锦标赛暨万人风筝放飞活动在世界风筝公园拉开帷幕。放飞场上，游客熙熙攘攘，天空中飞翔着各式各样的风筝，有中欧班列风筝，有孙悟空风筝、猪八戒风筝，甚至还有新能源汽车风筝。

本届世界风筝锦标赛共吸引了来自46个国家和地区的137支队伍、465人参赛，参赛风筝共有509只。其中，境外风筝代表队有63支，国内风筝放飞队有74支。无论是从参赛队伍的数量上看，还是从参赛风筝的数量和质量上看，本届世界风筝锦标赛都达到了较高的水平。

韩国风筝代表队制作了一支由46个国家和地区的国旗和区旗组成的长串风筝，第一次参加潍坊国际风筝会的保加利亚夫妇用现代材料制作了双翼飞机风筝，留尼汪岛风筝队带来了极具当地传统特色的手工海龟风筝，印度尼西亚代表队带来了剑鱼风筝、眼镜蛇风筝和锦鲤风筝，阿根廷代表队带来了手工制作的彩绘单线滑翔机风筝。

潍坊国际风筝会综合服务中心的相关负责人介绍，与往届相比，本届潍坊国际风筝会更加注重创新办会，以更好地满足群众需求。为提高群众参与度，主办方将潍坊风筝嘉年华和潍坊国际风筝会深度融合，在全年常态化开展风筝主题活动。活动期间还举办了重点产业推介暨重点项目签约仪式，举行2024潍坊国际风筝会电商直播大会，设置不同行业主题专场直播，通过品牌联动、直播带货、网红互动等形式，丰富消费场景，激发消费活力。同时，潍坊还结合本地资源和特点，利用国际风筝会的综合效应，组织举办丰富多彩、具有本地特色的群众性文化经贸活动，打造"一地一品牌"风筝文化活动。

潍坊国际风筝会凭借其独特的节会效应，有效聚集了市场、资金、技术、人才等关键资源，为潍坊经济的蓬勃发展及经济的转型升级注入了持续不断的活力。在潍坊国际风筝会举办期间，众多产品展销会、交易会同台亮相，带动了机械、化工、纺

[①] 揭明玥.万人放飞、世界瞩目！第41届潍坊国际风筝会启幕[EB/OL].（2024-04-20）[2024-10-23].https://www.bjnews.com.cn/detail/1713620210129543.html.（有删改）

织、食品等相关产业的发展，潍坊的特色工业产品、农产品有机会被推向全国市场乃至全球市场。此外，潍坊国际风筝会还成为"双招双引"（招商引资、招才引智）的平台，每年吸引大量的大型招商活动和签约仪式在潍坊举办。随着潍坊国际风筝会的持续成功举办，潍坊的风筝产业也经历了从小到大、由弱到强的显著转变。潍坊国际风筝会的举办不仅推动了传统产业的升级，还催生了新的产业形态，加速了现代服务业的发展步伐，为潍坊经济的高质量发展注入了新的动力。

3.1　节事旅游概述

一、节事旅游的相关概念

20世纪60年代初，西方学术界便已涉足节事活动的研究领域，研究内容十分广泛。研究的主要内容包括：节事活动的定义、概念与分类，节事活动对塑造地方品牌的影响，节事活动的运营与产品化，以及节事策划、节事管理、影响评估等多个方面。

作为节事活动的一个重要分支，节事旅游近年来引起了国内学术界的广泛关注，成为研究热点之一。众多学者深入探讨了我国节事旅游的功能、意义、作用，以及存在的问题和应对策略。总体而言，举办节事活动给活动所在地带来的积极影响包括优化旅游资源配置、完善旅游环境、塑造整体旅游形象、提升地方知名度、弘扬传统文化、推动精神文明建设、促进旅游相关消费增长、吸引投资、带动相关产业发展、创造就业机会等。

节事旅游的相关理论体系涉及一系列相互关联的基本概念，如事件、特殊事件、节事、标志性事件、重大事件、节事旅游等。

（一）事件

事件是指在短时间内发生的一系列活动的集合，涉及环境设施、管理策略及参与人员等要素。

（二）特殊事件

特殊事件指的是那些不同于常规事件的活动，具有一次性、非常规性等特点，这类事件超出了人们日常开展活动的所属范畴。特殊事件往往在特定目标指导下策划、实施，由专业人士管理。这些经过精心策划的特殊事件往往能够给人们带来不寻常的体验。

（三）节事

节事是指对人们具有吸引力并有可能被开发成消费对象的各种节日和特殊事件，包括各种传统节日、新出现的各种节日及具有纪念性的事件。在节事旅游的研究领域，学者经常将节日与特殊事件视作一个整体并进行深入的探讨。"节事"一词的英文简称为"FSE"，即"Festival & Special Event"；而在中文语境下，其通常被译为"节日和特殊事件"，简称"节事"。

（四）标志性事件

标志性事件是指定期重复举办的活动。对于活动所在地而言，这类事件在传承传统文化、吸引游客、塑造城市形象或提升城市影响力等方面具有重要意义。活动所在地能够借助标志性事件在市场竞争中脱颖而出，获得显著优势。随着时间的推移，这些标志性事件会逐渐与活动所在地紧密结合，并形成独特的文化标识。例如，在我国，提到牡丹节，人们会自然而然地联想到河南洛阳；在国外，提到斗牛节，人们则会立刻想到西班牙。

（五）重大事件

重大事件是指那些能够为活动所在地带来大量游客、良好声誉和巨大经济效益的活动。这类事件常被人们称作"大型活动"。典型的重大事件是2008年北京奥运会和2010年上海世博会，它们都展示了重大事件对活动所在地产生的深远影响。

（六）节事旅游

节事旅游是一种特殊的旅游形式，其核心吸引力源于各种节日和盛事。也有学者将节事旅游称为"事件旅游"或"节庆事件旅游"。当游客选择前往某地旅游的主要原因或唯一原因是某个特定的事件在该地发生时，这种吸引力就被称为"事件吸引"，在这种吸引力的影响下开展的旅游活动就可以被称为"节事旅游"。

关于节事旅游的定义，国内外学者有着不同的看法，具有代表性的定义有以下三种。

加拿大市场营销与研究方法学教授 J. R. 布伦特·里奇认为，节事旅游是指从长远或短期目的出发，一次性或重复举办的、延续时间较短的，且主要目的在于加强外界对于旅游目的地的认同、增强其吸引力、提高其经济收入的活动。[1]

我国学者蒋三庚在其《旅游策划》一书中指出，节事旅游是指具有特定主题、规模不一、在特定时间和特定区域内定期或不定期举办的、能吸引区域内外大量游客参与的集会活动。[2]蒋三庚认为，节事旅游为游客提供了体验地域文化、了解社会特点的机会，是一种公共的、具有明确主题和娱乐性质的活动。

还有国内学者认为，节事旅游是指非定居者为了参与节庆活动或因特殊事件的发生而参加的旅游活动。

二、节事旅游的类型

节事旅游可以分为多种类型，人们通常按节事的内容对其进行分类。

① 传统节庆类。此类旅游主要指以传统民俗、宗教活动为主题的旅游活动，如与中秋节、春节、元宵节有关的旅游活动。

② 演艺类。此类旅游主要指与各类音乐节、艺术节、舞蹈节、戏剧节有关的旅游活动。

③ 体育类。此类旅游主要指与体育活动（如奥林匹克运动会、国际足联世界杯）有关的旅游活动。

④ 商业类。此类旅游主要指与商业类节事活动有关的旅游活动。

⑤ 农业类。此类旅游主要指与农业类节事活动有关的旅游活动。

3.2 节事旅游的特点及意义

一、节事旅游的特点

在各类旅游活动中，节事旅游以其独特的方式让游客有机会深刻体验和感受旅游目的地的文化精髓与内涵。游客期望通过参与节事旅游活动获得新奇的体验。节事旅游的特点包括以下几个方面。

---

[1] 辜应康，楼嘉军，唐秀丽.节事旅游市场化运作研究：以上海旅游节为例［J］.北京第二外国语学院学报，2005（3）：105.
[2] 蒋三庚.旅游策划［M］.北京：首都经济贸易大学出版社，2002：122.

（一）节事旅游与节事活动息息相关

游客首要关注的是节事活动本身。大多数游客的目标是通过参与节事活动获得全新的娱乐体验。正因如此，他们普遍期望能在节事举办期间抵达旅游目的地，以便目睹那些在日常难得一见的文化景观，包括精彩的歌舞表演、激动人心的体育赛事等。

（二）节事旅游能够为游客带来特别的感受和体验

游客往往能够在节事旅游中收获不同寻常的感受和体验。他们希望通过感受节日或盛事的欢乐、轻松、愉快、热烈的氛围获得身心的愉悦。

（三）游客的参与性较强

节事旅游涵盖了丰富多样的文体表演和比赛活动，这些活动为游客与当地民众搭建了一个独特的交流平台，让他们得以在思想、情感上进行深入的互动。节事活动因其鲜明的地方性、独特性、观赏性而备受游客青睐。通过参与节事旅游活动，游客能够更深入地探索和学习当地文化，从而增进对当地文化的了解，感受文化交流带来的乐趣。因此，节事旅游活动的组织和开展必须充分彰显当地的文化特色，换言之，节事旅游活动与当地的文化特色关系密切。节事旅游活动如果无法体现当地的文化特色，就会失去对游客的吸引力。

二、开展节事旅游活动的意义

青岛通过举办青岛国际啤酒节和青岛国际海洋节，成功地将青岛独特的啤酒文化和海洋文化推向世界，塑造了鲜明的海滨城市的形象；而潍坊则通过举办潍坊国际风筝会，展示了其作为"世界风筝之都"的独特魅力，极大地提升了城市的国际知名度，进一步强化了其作为风筝文化发源地的城市品牌形象。这些实例充分证明了节事旅游对于一个国家或地区而言具有重要的意义。

开展节事旅游活动的意义主要包括以下几个方面。

（一）提升城市旅游竞争力，提高活动所在地的知名度

在节事旅游活动举办期间，高强度、全方位、大规模的宣传活动会使活动所在地受到公众的广泛关注。这会使更广泛的人群对活动所在地有深刻而持久的印象，城市的旅游形象在短期内会得到强化。节事旅游活动的举办往往能够使节事旅游活动成为代表城市形象的标志性符号。例如，在国内，一提到风筝节，人们会立刻联想到潍坊；一提到啤酒节，人们便会立刻联想到青岛。这些成功案例充分证明，节事旅游活

动与活动所在地之间已经建立起紧密的联系，因此，节事旅游活动的举办在提升城市知名度和旅游竞争力方面具有不可忽视的作用。

巴黎旅游局公布的数据显示，在2024年巴黎奥运会举办期间，巴黎接待访客数量约为1120万人次。中国是增长最快的远途访客来源地之一，访客数量比2023年同期增长64.9%。巴黎奥运会举办期间，巴黎市区酒店入住率达84%，同比增长10.1个百分点。奥运赛事也使巴黎近郊游热度上升。沙托鲁、里尔等承办部分奥运赛事城市的酒店营业额也大幅提升。① 由此可见，巴黎奥运会的举办提升了法国的旅游竞争力。

（二）带动相关行业发展，形成良性循环

举办节事旅游活动不仅会使活动所在地的游客数量显著提升，还会延长游客在活动所在地的停留时间，这一效应对活动所在地旅游业的发展起到了极大的推动作用。同时，节事旅游的发展还会带动交通、住宿、娱乐、购物、通信、广告、金融等多个相关行业的蓬勃发展，共同促进整个城市的经济繁荣。

以青岛国际啤酒节为例，自1991年首届青岛国际啤酒节举办以来，这一活动已经从一个单纯的啤酒品尝活动发展为一个集旅游、文化、经贸、娱乐于一体的大型国际性节事旅游活动，每年都有上百万名国内外游客慕名而来。再如，每一届大连国际服装节都会吸引大量的海内外服装厂家、设计师和模特前来参与，各类表演活动、发布会、展览会和洽谈会为当地服装业及相关产业的发展提供了巨大的机遇，吸引了大量的投资，为当地带来了显著的经济效益。

节事旅游活动的开展不仅丰富了城市的旅游文化，极大地提升了城市的知名度和吸引力，还有助于带动相关行业的发展，推动经贸合作，这也有效促进了地方经济的发展。

（三）有效缓解旅游业在淡季所面临的需求不足问题

旅游资源和旅游活动的季节性特征导致旅游旺季与旅游淡季差异明显。当旺季来临时，游客络绎不绝；而当淡季来临时，游客稀少和资源闲置的问题则开始凸显。为了应对这一挑战，人们可以对本地旅游资源、民俗风情及特殊事件进行整合，策划并举办一系列独具匠心、丰富多彩的节事旅游活动。这些活动不仅能够吸引游客，为他们提供全新的旅游体验，还能够优化旅游资源的配置，为城市旅游业的发展创造新的机遇。更重要的是，开展节事旅游活动能够有效缓解旅游淡季市场需求不足的问题。哈尔滨国际冰雪节就是一个成功的案例。据统计，2024年元旦假期，哈尔滨市累计接

---

① 李文昕. "奥运效应"利好法国旅游业[EB/OL].（2024-08-15）[2024-10-23]. http://www.xinhuanet.com/world/20240815/828d5c83ff0f4e29a2df160cf2cb2e0c/c.html.

待游客304.79万人次，旅游总收入达到59.14亿元，游客接待量与旅游总收入达到历史峰值。[①] 由此可见，发展节事旅游有助于充分发挥城市的旅游资源潜力，有效缓解旅游业在淡季所面临的需求不足的问题。

拓展阅读

冬奥旋风影响中国冰雪游

如今，滑雪场成为不少人旅游度假的首选。在过去，滑雪场主要用于运动员训练；如今，滑雪场已经成为旅游度假目的地。在全球冰雪旅游产业格局相对稳定的情况下，中国成为推动全球冰雪旅游市场持续增长、全球冰雪旅游市场重心东移的重要力量。

《中国冰雪产业发展研究报告（2024）》显示，我国冰雪产业发展较快，产业规模从2015年的2700亿元增长至2023年的8900亿元。[②]

有关冰雪旅游的数据显示，2023—2024年，国内冰雪休闲旅游人数已超过3.85亿人次。是什么推动了我国冰雪旅游产业的发展？有专业人士表示，北京2022年冬奥会的举办加速了我国冰雪旅游产业的发展。在全球的主要冰雪旅游城市当中，大部分冰雪旅游城市所在的国家都举办过或者是将要举办冬奥会。[③]

目前，多个省份结合当地特色和传统历史文化，打造当地特色冰雪旅游文化，利用冬奥会吸引消费者。文化和旅游部也公布了"冰雪京张·冬奥之城"精品线路等全国冰雪旅游精品线路。相关业态不仅囊括了滑雪、速滑等冰雪运动，还涉及冰雪文化博物馆、雪地温泉、冰雪摄影、冰灯观赏等。

北京作为冬奥之城，拥有众多以冬奥为主题的冰雪旅游项目。同时，北京结合长城等历史文化景点，推出"长城内外、冰雪丝带"等精品旅游线路，宣传我国历史文化。内蒙古结合地理位置特色，突出草原文化，打造冰雪运动基地，推出"雪域列车"等冰雪体验形式。辽宁推出"乐游辽宁·不虚此行"旅游精品线路，特色冰雪活动包括沈阳冰雪旅游节、辽阳冰雪节等。吉林推出"长白有约·滑雪度假"

---

① 徐成龙.哈尔滨冰雪旅游"火出圈"[EB/OL].（2024-01-03）[2024-10-23].http://hlj.people.com.cn/n2/2024/0103/c220005-40702181.html.
② 王辉，李子璇.《中国冰雪产业发展研究报告（2024）》发布[N].中国体育报，2024-10-14（2）.
③ 朱彩云.当滑雪场成为旅游目的地 冰雪经济"热"起来[EB/OL].（2024-10-15）[2024-10-25].https://news.cyol.com/gb/articles/2024-10/15/content_ZvboLAs2qe.html.

旅游精品线路，特色冰雪活动包括吉林国际冰雪产业博览会、长春冰雪节、吉林国际雾凇冰雪节、长白山粉雪节等。黑龙江开展了以冰雪为主题的嘉年华活动，推出冬捕、赏冰灯等冰雪体验活动。

3.3 国内外节事旅游概览

一、国外的节事旅游

国外的大型节事旅游活动出现得较早，因此，国外学者对节事旅游活动的研究也比较早。活动和节事旅游领域的国际著名学者唐纳德·盖茨在《节事旅游：定义、演变和研究》（"Event tourism: Definition, evolution, and research"）一文中，从理论和专业实践两个方面系统地讨论了节事旅游的性质、演变和未来发展。唐纳德·盖茨认为，节事旅游的理论研究和实践应用滞后于休闲、旅游的理论研究和实践应用。

人们对节事旅游的广泛关注与深入探讨可追溯至20世纪90年代新西兰旅游与宣传部发布的一份重要报告。该报告明确指出，节事旅游已成为国际旅游业至关重要的组成部分。自那以后，众多发达国家纷纷开始重视并大力发展节事旅游。

国外节事旅游活动种类繁多，涵盖了文化、艺术、体育、美食等多个领域。欧洲和美洲的节事旅游尤为发达。以巴西的里约热内卢狂欢节为例，它是全球知名度最高的狂欢节。里约热内卢狂欢节的举办时间通常是每年的2月份。每当节日来临，来自世界各地的数以万计的游客不远万里汇聚于此。里约热内卢狂欢节的举办为当地经济和旅游业的蓬勃发展作出了不可磨灭的贡献。

为了吸引更多游客，许多国家和地区不断创新节事旅游的形式和内容。例如，将传统节庆与现代科技相结合，为游客带来数字化、智能化的节庆体验；或者通过跨界合作，将不同领域的元素融入节事旅游活动中，形成独特的旅游吸引力。游客在参与节事旅游活动时，不仅关注活动本身，还注重活动的氛围、参与度和体验感。因此，许多国家和地区在举办节事旅游活动时，都注重提升游客的参与度和体验感，通过提供优质的服务，让游客在享受节事旅游的同时，也能感受到当地的文化和风情。

随着全球化的不断深入，节事旅游活动也越来越具有国际化的特点。许多国家和地区都在积极与国际旅游组织合作，共同推动节事旅游的发展。在推动节事旅游发展的同时，许多国家和地区也注重保护当地的生态环境和文化遗产，实现节事旅游的可持续发展。

拓展阅读

美国得克萨斯州玫瑰花节促进当地旅游业发展

美国的得克萨斯州玫瑰花节始于1933年，每年10月份在得克萨斯州的东部城市泰勒隆重举行。在玫瑰花节举办期间，当地会举行开幕典礼、玫瑰皇后加冕典礼、玫瑰花车游行、工艺品展等活动，这些丰富多彩的活动吸引了众多游客前来参加。如今，玫瑰已经成为泰勒的标志与名片，玫瑰花节也已经成为该市文化活动的重要组成部分。玫瑰花节的举办不仅提高了泰勒的城市知名度，也促进了当地旅游业的发展，这一节日深受人们的喜爱。

二、国内的节事旅游

（一）国内节事旅游的主要类型

自20世纪90年代起，我国迎来了传统节庆活动蓬勃发展的新时期。相关活动不仅作为旅游资源得到了广泛利用，还被进一步转化为旅游产品，实现了价值的提升。在此基础上，由政府或企业主导的现代节庆活动和大型赛事活动也不断涌现，举办相关活动的主要目的在于增强活动所在地的知名度并吸引更多的游客。作为现代节庆活动和大型赛事活动的衍生活动，节事旅游已成为拉动经济增长的重要力量。在国内，节事旅游主要涵盖了传统节庆旅游、现代节庆旅游及大型赛事旅游这三大类别。

1. 传统节庆旅游

我国作为一个历史底蕴深厚的多民族国家，拥有着众多充满地方特色与文化内涵的传统节庆活动。这些节庆活动本身就是宝贵的旅游资源。20世纪90年代以来，传统节庆旅游在我国各地蓬勃兴起，为地方经济的繁荣发展注入了新的活力。

为了扩大传统节庆活动的影响力和规模，吸引更多外地游客乃至海外游客前来参与和体验，不少地方政府投入了大量的资金，精心策划和组织传统节庆活动。例如，秦淮灯会是活跃于南京的民俗文化活动，又称"金陵灯会"或"夫子庙灯会"，在每年春节至元宵节期间举行。目前，秦淮灯会已经成为集灯展、灯会和灯市于一体的综合性大型灯会。每年的秦淮灯会都会吸引众多海内外游客。秦淮灯会的举办使游客有机会感受南京的民间文化，同时，该地区的经济发展也得到了促进。

中国洛阳牡丹文化节也是一个备受瞩目的节庆活动。该活动不仅融合了赏花、观灯等元素，还具有促进经贸合作与交流的功能，是一个集多种功能于一体的大型综合性经济文化活动。每年4月5日前后至5月5日前后，洛阳的牡丹竞相绽放，吸引了无数游客前来观赏。如今，中国洛阳牡丹文化节已成为推动洛阳经济发展的重要平台，并成为展示洛阳城市形象、让世界了解洛阳的名片。

2. 现代节庆旅游

随着政府对旅游业的重视程度不断提高，现代节庆活动如雨后春笋般不断涌现。这些活动的举办不仅显著提升了活动所在地的知名度，激活了地方经济，还有力推动了旅游业的发展。在我国现代节庆旅游活动的早期发展阶段，活动的主办方主要为政府部门。以中国吴桥国际杂技艺术节为例，中国吴桥国际杂技艺术节创办于1987年，每2年举办一届，地点在河北省石家庄市。目前，中国吴桥国际杂技艺术节由文化和旅游部、河北省人民政府联合主办。中国吴桥国际杂技艺术节是在中国杂技艺术领域举办历史最长、规模最大、影响最广泛的国家级国际性杂技艺术节。随着杂技交流中心、马戏理论研讨中心、杂技商业演出洽谈中心的逐步成立，中国吴桥国际杂技艺术节的国际影响力不断增强。中国吴桥国际杂技艺术节内容丰富多样，主体活动包括杂技节开幕式晚会、杂技比赛、杂技节闭幕式晚会等。此外，中国吴桥国际杂技艺术节还衍生出一系列丰富多彩的活动，如公益性杂技演出活动、经济洽谈交流活动、宣传推广活动、文化交流活动等。中国吴桥国际杂技艺术节的成功举办不仅展示了中国人民良好的精神风貌，为中国杂技走向世界搭建了交流平台，还推动了当地旅游业的发展。

3. 大型赛事旅游

大型赛事旅游是一种独特的旅游形式。一般情况下，观看大型体育赛事可作为一种旅游目的，吸引人们前往赛事举办地。游客来到赛事举办地的主要目的是观看赛事，并在此过程中享受赛事举办地提供的一系列服务。

大型赛事旅游主要分为参赛型和观赛型两大类。参加参赛型赛事旅游活动的游客以参与比赛、争夺名次或获得竞赛体验为主要目的。参加观赛型赛事旅游活动的游客则将观看比赛、感受比赛氛围作为主要目的。

目前，国内已经涌现出一批具有一定影响力的赛事活动，如中国足球协会超级联赛、中国男子篮球职业联赛、世界一级方程式赛车锦标赛中国大奖赛、上海网球大师赛及环青海湖国际公路自行车赛等。大型赛事的举办为赛事举办地带来了显著的经济效益。赛事举办期间，大量游客涌入赛事举办地，这也带动了当地的餐饮业、住宿业、交通业等相关产业的发展。

国内的大型赛事旅游取得了显著的发展成就，但仍面临一些挑战。例如，部分赛事的国际知名度还有待提升，赛事旅游产品的创新性不强、多样化程度还不够高，部分地区的旅游基础设施和服务水平还有待加强等。然而，随着我国体育产业的快速发展，大型赛事旅游将迎来更多的发展机遇。

拓展阅读

足球嘉年华为凉山彝族火把节"添把火"[1]

在火把节期间看一场足球赛是一种怎样的体验？

2024年7月，在四川省凉山彝族自治州，一年一度的火把节与抖音足球嘉年华相遇，彝族传统节日的浓郁风情和乡村足球的火热激情碰撞，全民体育为万人狂欢的盛会再"添把火"。2024年7月29日西昌火把狂欢夜当晚，西昌市航天大道上人头攒动、摩肩接踵。距离火把狂欢夜主会场几公里的凉山民族体育场内同样人声鼎沸，雨水浇不灭火把和热情，足球嘉年华总决赛上演，约1.6万名观众现场观赛。

球场内外，节日气氛浓厚，凉山特色元素随处可见。在球场内，邛海鱼、凉山羊、乌金猪等凉山特色农产品成为决赛奖品；在场外集市里，彝族漆器、服饰、银饰等特色商品琳琅满目。此外，"朵洛荷"歌舞、彝族服饰展演、点火仪式等火把节的特色民俗活动被搬到球场内，为现场观众带来多重体验。在为期近1个月的赛事

---

[1] 周以航，尹恒.看表演、逛市集、打火把，足球嘉年华为凉山彝族火把节"添把火"[EB/OL].（2024-07-31）[2024-10-25].http://www.news.cn/local/20240731/3471c2f3e3714f169f7be388559174d7/c.html.（有删改）

活动期间，来自凉山彝族自治州5个县市的35支队伍参赛，抖音直播观看人数累计超2400万人次，决赛当天有超940万人次观看比赛。

火热的赛事也带动了凉山暑期的旅游热。西昌市川兴镇小渔村烧烤足球队的许多队员是川兴镇海丰村的烧烤经营户。因村庄临近邛海，过去许多村民以打鱼为生，海丰村也得名"小渔村"。队员何江勇表示，海丰村的烧烤本就因食材新鲜小有名气，近期的火把节和足球嘉年华更让村子的客流量大增，一些店铺生意好的时候一天能接待上百桌客人，店员有时晚上要忙碌到两三点钟。在小渔村烧烤一条街上，各家店都有不少食客落座，烤炉前烧烤师傅手中的烤串和调料罐上下翻飞。据介绍，2024年7月，抖音发起的"山里DOU是好风光"活动覆盖凉山彝族自治州8328个文旅经营主体，线上在售商品14万个，交易额达到5202万元。

（二）国内节事旅游存在的问题

尽管国内各地节事旅游活动众多，但真正具有国际知名度的节事旅游活动却数量较少。这一现象表明，当前我国的节事旅游在某些方面存在一定的不足。具体来说，这些问题可以归纳为以下几个方面。

1. 企业的积极性未被充分调动起来

节事旅游活动往往综合性较强，因此，活动的组织需要政府的协调与支持。在组织相关活动的过程中，部分领域存在行政指导过细的情况，使得一些企业的参与热情难以被激发，这也会导致效率低下、资源浪费及资源配置不合理等情况发生。如果市场在资源配置中的基础性作用未能得到充分发挥，市场营销的理念和方法在节事旅游活动的组织管理中无法被应用，节事旅游的发展效率将受到影响。因此，如何在政府支持与企业参与之间找到平衡点，充分发挥市场机制的作用，是当前需要思考的重要问题。

2. 缺乏市场调研、市场分析与先进的营销观念

一些节事旅游活动的策划者在策划活动的过程中忽视了市场的发展规律和特点。其具体表现为活动的策划者在未进行充分的市场调研和预测、未对游客的购买行为进行深入分析的基础上，将主办方、协办方和承办方组织在一起。不少策划者在节事旅游活动的筹备阶段对大众的审美和兴趣点了解不足，使得活动内容与游客的实际需求产生偏差。而在活动进行期间及活动结束后，不少策划者往往不注重收集和分析游客的意见和建议，未对游客的反馈进行细致的分析。这种忽视市场导向和游客需求的行为可能会影响节事旅游活动的质量和效果，甚至阻碍其长期发展。

3. 节事旅游产品主题雷同、缺乏创新

一些节事旅游活动的策划者是政府部门的工作人员，而非节事旅游领域的专家，他们可能缺乏策划和运作节事旅游活动的经验和能力，因此难以策划出具有新意、能够满足公众需求的节事旅游活动，从而导致节事旅游产品主题雷同、缺乏创新，无法吸引游客和公众。

4. 宣传力度不够

除了诸如潍坊国际风筝会、青岛国际啤酒节等少数知名的节事旅游活动外，国内的许多节事旅游活动主要吸引的是当地居民，外地游客及海外游客的参与度相对较低。此外，国内节事旅游活动的参与者以散客为主，团队游客较少。这一现象表明，我国的节事旅游活动在宣传、包装以及营销方面仍有很大的提升空间。

5. 节事旅游商品的开发存在问题

目前市场上的许多节事旅游商品存在价格高昂、工艺粗糙和同质化严重的问题，真正能让游客产生兴趣的节事旅游商品还比较少。更令人担忧的是，一些节事旅游场所成了临时的劣质商品集散地，假冒伪劣商品横行，这会严重破坏节事旅游活动的环境与氛围，影响游客的旅行体验。

总的来说，我们应当深入剖析节事旅游所存在的诸多问题，准确把握节事旅游的发展规律。我们需要通过科学合理的策划与管理，全面提升我国节事旅游的发展水平，确保节事旅游能够持续、健康、高品质地发展。

章前案例分析

潍坊国际风筝会作为历史悠久的综合性、国际性地方节事旅游活动，涵盖了风筝竞技、文化交流、旅游观光及招商引资四大核心板块。潍坊国际风筝会已成功举办了40多届，其不仅发展成为一项独具魅力的国际文化庆典，还成为推动各国友好交往的重要桥梁和展现城市风貌的窗口。

20世纪90年代末，潍坊选择了政府引导、社会参与、市场主导的办会新路径，并取得了显著成效。这一举措不仅使潍坊成为"世界风筝之都"，还促使国际风筝联合会将总部设在潍坊，使潍坊真正成为世界风筝文化交流与传播的核心枢纽。潍坊借助潍坊国际风筝会这一重要平台，巧妙地将城市特色与独特的地域文化深度融合，产生了巨大的宣传效应，极大地提升了潍坊在国内乃至国际上的知名度和影响力。

本章小结

本章根据国内外有关节事旅游的研究文献，阐述了节事活动和与其密切相关的节事旅游的基本概念，分析了节事旅游的特点和开展节事旅游活动的意义，并对国内外节事旅游的现状进行了分析，阐述了国内节事旅游存在的问题。

复习思考题

一、名词解释

事件　特殊事件　节事　标志性事件　节事旅游

二、简述题

1. 简述节事旅游的特点。
2. 简述开展节事旅游活动的意义。
3. 简述国内节事旅游目前存在的问题。

三、论述题

以你的家乡举办的某一个节事旅游活动为例，谈谈它对家乡旅游业发展的影响。

四、案例分析

请根据以下案例，阐述青岛国际啤酒节对青岛市旅游经济的发展所起到的作用。

青岛国际啤酒节创办于1991年，已经成为青岛的一张靓丽的城市名片。它不仅是人们了解啤酒文化的绝佳平台，也是世界了解青岛的窗口。在青岛国际啤酒节举办期间，来自世界各地的啤酒品牌、酿酒师和游客齐聚一堂。近年来，青岛国际啤酒节的规模不断扩大，影响力也日益提升，越来越多的国内外游客前来参与。青岛国际啤酒节作为青岛的重要节事活动之一，对于提升青岛的城市形象具有积极意义。它展示了青岛开放与包容的精神，以及青岛人民热情好客的性格特点。青岛国际啤酒节不仅为青岛带来了大量的游客，还促进了当地经济的发展。

1991年6月23日，第1届青岛国际啤酒节开幕，饮酒比赛、时装秀和彩车巡游等活动次第登场，由100多辆彩车组成的队伍走过青岛的大街小巷，当地市民与外地游客涌入中山公园啤酒城，参与人数超过30万人次。青岛国际啤酒节在人们的口口相传之下声名渐起，其社会美誉度、国际关注度和品牌影响力持续攀升。

2024年7月19日，以"青岛与世界干杯"为主题的第34届青岛国际啤酒节在青岛西海岸新区金沙滩啤酒城开幕。本届青岛国际啤酒节设西海岸、崂山两个会场，共有40多个国家和地区的2200余款啤酒集中亮相，吸引了325个商家参会，实现线上销售额2300万元。本届青岛国际啤酒节共计接待游客636万人次，消费啤酒2800余吨。

本届青岛国际啤酒节推出了更加丰富的文体活动，彰显了青岛开放、包容的城市魅力。在活动举办期间，青岛举办了开幕式暨大型演唱会、大型无人机表演、灯光秀、焰火秀、光影秀、裸眼3D表演、酒王争霸赛、时尚体育节、艺术巡游等文化体育活动2300余场。此外，本届青岛国际啤酒节发挥了融合发展的平台效应。国际啤酒节联盟合作机制2024青岛会议暨世界知名啤酒节经验分享会、2024青岛国际啤酒节金花奖精酿大赛等活动相继举办，实现了"节中有会、节中有赛"，青岛国际啤酒节汇聚资源、促进交流、合作发展的平台作用得到彰显。

为丰富节日消费场景，为游客提供更多选择，活动运营方在金沙滩啤酒城设置了旅游集散中心、旅游大巴停车场，面向全国300余家旅行社举行推介大会，推出精品旅游路线和旅行社优惠套餐，与120余家旅行社合作，并为旅行社提供停车、入园等全程专属服务。

  本届青岛国际啤酒节结束后，金沙滩啤酒城依托国家级旅游休闲街区的丰富内涵，打造旅游消费新场景，实现常态化运营。小燥营地音乐会、哈舅沙滩跑、少儿轮滑赛、文旅装备展、冰雪节、新春灯会等活动在金沙滩啤酒城陆续开展。

第四章
奖励旅游

学习目标

知识目标

- 掌握奖励旅游的基本概念；
- 了解奖励旅游的类型、特点和作用；
- 了解国内外奖励旅游的现状和发展方向。

技能目标

- 能够运用奖励旅游的相关知识分析某一地区奖励旅游存在的主要问题，并针对这些问题提出自己的建议和对策。

关键词

- 奖励旅游

第四章 奖励旅游

案例导入

赴泰中国会奖旅游游客创历史新高[①]

2024年8月20日，泰国国家会议展览局在上海举办2024年泰国MICE中国路演活动。

泰国国家会议展览局透露，2023年10月—2024年6月，前往泰国的中国会奖旅游游客数量达31.29万人次，达到了历史性的新高，超过了2019年全年24.77万人次的纪录。在中泰建交50周年前夕出现这样的积极趋势为两国未来进一步深化合作奠定了更坚实的基础。

泰国国家会议展览局局长表示，非常感谢中国的会奖旅游游客选择将泰国作为他们的首选目的地，这使得泰国的游客数量达到了新的历史高峰。

作为负责将泰国推广为首选会奖旅游目的地，并为泰国的海外会奖旅游团体提供支持的泰国政府机构，泰国国家会议展览局带来了7个地区的40家泰国会奖旅游供应商。这7个地区分别是曼谷、清迈、普吉岛、芭堤雅、华欣、苏梅岛和甲米。在路演活动中，30多家泰国会奖旅游供应商计划与中国的旅行社买家会面，以便达成协议，将中国的会奖旅游团体及游客带到泰国。

泰国国家会议展览局透露，在展览领域，泰国目前是东南亚地区的顶级贸易展会目的地。2024年，约有200场国际贸易展会在泰国举行。泰国在食品工业、农业、医疗保健、美容、化妆品、汽车等领域具有一定的产业优势。

4.1 奖励旅游概述

奖励旅游起源于20世纪初的美国，先是流行于北美地区和欧洲地区，从21世纪开始流行于世界各国。1906年，美国的一家公司首次组织了奖励旅行，该公司奖励销售

[①] 邹娟.超31万人次，赴泰中国"会奖旅游"游客创历史新高[EB/OL].（2024-08-20）[2024-12-03].https://www.thepaper.cn/newsDetail_forward_28470782.（有删改）

人员前往公司总部并参加旅行。①在我国，国内企业主导的奖励旅游的兴起可追溯至20世纪90年代中后期。在北京、上海、深圳等经济发达城市，奖励旅游率先发展，且组织奖励旅游的多是外资企业，如惠普、三星、微软等国际知名企业。随着我国出境旅游人数在全球的位次不断提升，奖励旅游在我国企业界也得到了普及，并逐渐成为企业文化的重要组成部分及企业管理的有效手段。

20世纪80年代，奖励旅游在欧美国家迎来了其繁荣发展的黄金时期。在美国，约有半数企业采用奖励旅游的方式激励员工。在英国，企业40%的奖励资金被用于组织奖励旅游。法国和德国的情况与英国较为类似，很多企业的超过一半的奖励资金被用于组织奖励旅游。

一、奖励旅游的概念

究竟什么是奖励旅游？国际奖励旅游精英协会将奖励旅游界定为一种创新的企业管理手段，组织奖励旅游的核心目的在于帮助企业实现既定的目标，并给为达成这些目标作出贡献的员工和相关人员提供旅游的机会。

英国学者S.梅德利克将奖励旅游描述为一项由公司出资且面向员工、经销商或代理商（有时还包括他们的配偶）开展的旅行活动。组织奖励旅游是对他们实现销售目标、业绩卓越或达成其他企业目标的一种奖励，同时也被视为激励他们在未来继续达成目标的一种手段。

综合上述两个定义，本书将奖励旅游定义为一种企业管理方式，企业组织奖励旅游的目的是对优秀员工及利益相关者进行奖励，其主要形式是团体活动。

在理解"奖励旅游"一词的概念时，我们要考虑到以下三个方面。

① 参与奖励旅游的主体是十分广泛的，涵盖了企业员工、企业产品的经销商等。在一些情况下，对企业忠诚度较高的消费者也可以参与奖励旅游。

② 奖励旅游作为一种现代化的企业管理工具，展现了企业管理方式的多样性。组织奖励旅游的核心目的是塑造企业形象，传播企业文化，提升企业的整体业绩，推动企业的长远发展。一般来说，企业领导者在奖励旅游的规划与决策中扮演着至关重要的角色。

③ 专门提供奖励旅游服务的机构（如旅行社、旅游公司等）是奖励旅游活动的具体执行者。它们会根据企业的要求为参与奖励旅游的主体提供相关服务，以确保活动

---

① RICCI P R, HOLLAND S M. Incentive travel: Recreation as a motivational medium [J]. Tourism Management, 1992, 13(3): 288.

的顺利进行。

二、奖励旅游的内涵

从外在表现来看，奖励旅游是一项旅游活动，属于旅游活动的组成部分。参加奖励旅游的游客包括企业的内部员工，还包含企业产品的经销商、消费者等。旅行社、旅游公司等是奖励旅游活动的组织者、安排者和实施者。这些机构的服务水平直接决定了奖励旅游活动能否成功开展。

值得注意的是，奖励旅游的相关服务具有一定的独特性。这体现在时间规划、流程策划、预算安排、食宿与交通安排、人员配置、售前与售后服务等多个方面。这种特殊性要求旅行组织者在组织奖励旅游时，必须将奖励旅游业务与传统旅游业务进行严格区分。

从管理的角度来看，奖励旅游是一种现代管理工具，体现了企业管理策略的多样性。组织奖励旅游不仅是一种对员工及客户的奖励，也是一种对企业自身的激励。

曾有专业人士指出，奖励旅游在企业管理中的重要性已超越了单纯对员工销售业绩的表彰，其已成为企业吸引各类人才的一种重要手段。

三、奖励旅游的类型

依据不同的维度划分，奖励旅游可分为多种类型。依据旅游时间划分，奖励旅游可分为长期奖励旅游与短期奖励旅游；依据旅游目的地划分，奖励旅游可分为国外奖励旅游和国内奖励旅游；依据奖励旅游的内容划分，奖励旅游可分为体验型奖励旅游、会议型奖励旅游和家属随同型奖励旅游；依据奖励旅游的具体目的划分，奖励旅游可分为慰劳型奖励旅游、团队建设型奖励旅游、商务型奖励旅游和培训型奖励旅游。接下来，我们将重点阐述基于奖励旅游的内容和具体目的的划分的奖励旅游的主要类型。

（一）依据奖励旅游的内容划分

1. 体验型奖励旅游

随着体验旅游的兴起，体验型奖励旅游发展迅速。传统的奖励旅游主要侧重于观光和购物，但随着社会的进步和游客需求的转变，这种单一的旅游方式已难以满足游客的期望。人们渴望在奖励旅游中加入更为多元化的活动，以丰富旅行体验。游客对各类体验活动的强烈需求推动了体验型奖励旅游的快速发展。如今，很多旅游公司在为企业策划奖励旅游项目时更加注重游客的体验。这包括在旅游前让游客了解目的地的历史与特色，在旅游过程中鼓励游客与当地居民积极交流，鼓励游客在旅游结束后进行总结。游客可以通过动腿走、动嘴问、动脑想和动手记的方式，将观察到的现象转化为个人经验。

游客对体验型奖励旅游的喜爱促使旅游公司不断探索和创新，努力将体验型奖励旅游打造得更加富有特色。体验型奖励旅游最初在欧洲旅游市场掀起热潮，随后受到世界各国游客的喜爱，特别是亚洲地区的游客。

2. 会议型奖励旅游

在当今全球经济一体化的背景下，商务活动愈发频繁，涵盖了会议、展览、培训等一系列旨在实现企业商业目标的活动。会议型奖励旅游在这样的环境中应运而生。在21世纪，单纯的奖励旅游已经发展为融合了商务会议与商务活动的奖励旅游。这一转变主要与两大原因有关。一方面，企业的管理理念正在发生深刻的变化。企业愈发意识到，在大量员工聚集的场合，不仅要组织奖励旅游，更要借此机会组织培训、举办会议，以实现员工能力的全面提升。另一方面，随着各国开放程度的不断提高和人们旅游经历的日益丰富，传统意义上的奖励旅游的吸引力在逐渐减弱。相比之下，会议型奖励旅游更能满足企业和员工的需求。

3. 家属随同型奖励旅游

家属随同型奖励旅游是一种新兴的旅游形式，它允许受奖励的企业员工在参加奖励旅游时与家属同行。过去，传统的奖励旅游主要面向员工、经销商和客户，他们的家属通常不被视为参与主体的一部分；但如今，组织家属随同型奖励旅游已成为一种潮流。

这一趋势的兴起主要源于企业对家庭支持重要性的深刻认识。受奖励者能取得成就往往离不开家庭的支持与鼓励。因此，组织家属随同型奖励旅游是企业向员工家属表达感激之情的重要方式；同时，受奖励者也普遍希望与家人共同分享这份荣誉。

美国的一项调查显示，大部分参与奖励旅游的员工是已婚男性，他们在旅行时更倾向于携带配偶同行，有相当一部分员工还会带上孩子。组织家属随同型奖励旅游不仅让员工有机会与家人共同出游，享受旅行带来的乐趣，还能增强他们对公司的归属感和工作热情。

当然，组织家属随同型奖励旅游可能会增加企业的开销，企业可以根据实际情况灵活调整策略，比如让员工承担部分家属的旅行费用。

（二）依据奖励旅游的具体目的划分

1. 慰劳型奖励旅游

组织慰劳型奖励旅游的核心目的是向为企业作出突出贡献的员工表示感谢。这类旅游活动的内容主要是高品质的休闲和娱乐项目，旨在帮助员工缓解工作压力、放松身心。员工可以通过参加此类旅游活动感受到企业的人文关怀。

2. 团队建设型奖励旅游

团队建设型奖励旅游更加注重增强企业内部员工之间、企业与合作伙伴之间的沟通与协作。组织团队建设型奖励旅游旨在通过开展参与性强的集体活动，如团队拓展、互动游戏等，提升团队的协作能力，增强员工和相关人员对企业的认同感和忠诚度。

3. 商务型奖励旅游

商务型奖励旅游的组织与企业的业务或管理目标紧密相关。这类旅游活动通常与企业的市场推广、产品销售、客户服务等业务相结合。组织商务型奖励旅游的目标是，通过在旅游的过程中召开公司会议、展销会或进行业务考察，实现特定的业务目标。例如，推介新产品，增加产品销售量，鼓励经销商促销，改善服务质量，提升员工的士气和工作效率等。因此，商务型奖励旅游往往具有更强的针对性和实效性。

4. 培训型奖励旅游

培训型奖励旅游侧重于将旅游活动与培训相结合，通过寓教于乐的方式对员工进行培训。这类旅游活动不仅为员工提供了轻松愉悦的学习环境，还能让员工通过亲身体验加深对培训内容的理解。经销商、客户等也能通过参与此类旅游活动获得更好的培训体验。

拓展阅读

中国展台首次亮相美国国际会议与奖励旅游展[1]

美国国际会议与奖励旅游展于2024年10月10日在拉斯维加斯落下帷幕。中国展台首次亮相这一展会，不仅展示了中国在全球旅游市场的新面貌，也为各国旅游服

---

[1] 黄恒.中国展台首次亮相美国国际会议与奖励旅游展[EB/OL].（2024-10-11）（2024-12-27）.http://www.news.cn/20241011/f240361b1a5d42839dbab84d3291e570/c.html.（有删改）

务商提供了丰富多样的旅游选择。

中国展台由北京、上海、陕西、重庆的文化和旅游主管部门及多家旅游服务商和中国国际航空公司共同参与，展示了我国丰富的历史文化旅游资源、现代化的会议设施、国际化的商务环境、多元融合的文化特点，以及以航线网络广布、中转服务便捷为特色的高效旅游交通解决方案。

中国驻洛杉矶旅游办事处的工作人员表示，国内外的业内人士在展会期间深入探讨了未来在会议策划、产品设计及活动组织等方面的合作，有望为中国的会奖旅游市场注入新活力。

参加展会的上海市文化和旅游局代表表示，上海正在打造中国入境旅游第一站的品牌。"本次参展，我们进一步了解了全球会奖旅游行业的最新动态和市场需求，这为上海市未来优化会奖旅游服务和产品提供了有益参考，也有助于提升上海在全球旅游市场中的竞争力。"

2024年的美国国际会议与奖励旅游展为期3天，为各国展示会议、奖励旅游、展览及活动领域的资源提供了重要平台。

四、奖励旅游的特点

奖励旅游与展览旅游具有一些共同的特征，如团体规模大、消费水平高、受季节影响小、经济效益显著等。与此同时，奖励旅游还有一些其他方面的特征。

（一）目的性

企业组织奖励旅游的核心目的是实现特定的企业目标。为实现这一目标，奖励旅游的行程设计需要与企业文化、组织理念、企业战略目标相结合。日程安排通常涉及公司内部会议、行业会议、团队协作活动等。

（二）特殊性

奖励旅游之所以区别于一般团队旅游，主要在于奖励旅游具有两大特殊性。第一，奖励旅游的参与对象是特定的，主要包括企业员工、产品经销商、消费者等；第二，提供奖励旅游服务的专业机构（如旅行社、旅游公司等）需要为游客提供与一般游客不同的服务，采取有针对性的策略与措施。奖励旅游与一般团队旅游的区别如表4.1所示。

表4.1　奖励旅游与一般团队旅游的区别

项目	奖励旅游	一般团队旅游
本质	管理工具	休闲娱乐活动
费用	多为免费	多为自费
报名形式	报名时需要经过审核	多为自愿报名
活动安排	活动安排通常是定制的	活动安排通常是固定化、模式化的
服务规格	规格较高	规格较低
目标	实现与企业有关的目标	放松身心、获得精神上的满足

（三）激励性

国际奖励旅游精英协会的专家经过深入调查和细致分析后发现，将旅游作为奖励手段提供给员工及客户时，所产生的正面效应会超越金钱和实物奖励所产生的正面效应，也就是说，奖励旅游的激励效果通常更为显著。采取这种奖励机制能够极大地激发员工的工作热情，促使员工更加积极地为企业贡献力量，并有效提高员工对企业的忠诚度。

（四）福利性

奖励旅游是一种具有福利性质的旅游活动。由于奖励旅游是企业出资组织的，它常被视为企业提供给员工及客户的福利待遇。按照国际惯例，奖励旅游的费用通常占企业超额利润的约30%。组织奖励旅游体现了企业的人文关怀，为员工及客户节省了自行旅游所需承担的各种成本。

（五）高端性

奖励旅游的高端性主要表现为高消费、高档次、高要求。为了更有效地激励目标群体，一些实力雄厚的企业不惜花费重金组织奖励旅游。相关统计数据显示，一个奖励旅游团的消费额往往是普通旅游团的5倍。总的来看，奖励旅游的高端性主要体现在交通工具、住宿餐饮、活动内容、接待规格和旅游线路等方面。

国际奖励旅游精英协会的研究报告显示，一个典型的奖励旅游团的人数一般能达到110人，每位游客的平均消费额高达约3000美元。由此可见，奖励旅游团的消费水平远超普通旅游团的消费水平。例如，北京某旅行社曾接待过一个由400名美国保险公司员工组成的奖励旅游团；在不到10天的时间内，该旅游团的消费总额竟高达400万美元，人均消费额达到了1万美元。全球知名的制药公司阿斯利康曾组织员工前往新加坡旅游，在晚宴上邀请了知名歌手来表演，并要求免税店延长营业时间，以满足员工的购物需求。

为了满足企业对奖励旅游的个性化需求，专业的旅游公司会为企业量身定制旅游方案，确保活动内容与企业的经营理念和管理目标相契合。这不仅对奖励旅游产品本身提出了很高的要求，也对设计这些产品的旅游公司提出了很高的要求。

（六）交互性

奖励旅游为企业及相关人员搭建了一个独特的交流平台，让员工、客户等能在轻松愉悦的环境中进行深入的交流。这样的互动不仅让员工和客户有机会感受到企业管理者充满温情的一面，还有助于促进企业管理者和员工之间的沟通与理解，为后续的工作和业务往来奠定坚实的基础。此外，奖励旅游也能够在培养团队协作精神方面起到重要的推动作用。

（七）规模性

相较于一般团队旅游，奖励旅游往往规模更大。一般来说，选择组织奖励旅游的企业都是那些规模庞大、业绩优异的企业，参加奖励旅游活动的人数众多。如上所述，一个奖励旅游团的平均人数能够达到110人，这进一步印证了奖励旅游团规模较大的特点。

（八）非季节性

奖励旅游的一个显著特点是非季节性，即不受传统旅游季节的影响。这主要是因为企业作为奖励旅游的决策者拥有决定出行时间的自主权。为了保证奖励旅游的效果，企业往往会精心选择出行时间，避开旅游高峰期，以确保参与者有较好的旅行体验。旅游业的季节性波动十分明显，旺季时游客如织，淡季时各大旅游景点则相对冷清。奖励旅游活动的开展恰好能够填补淡季时旅游业的市场空白，为旅游目的地带来额外的客源和收入，帮助旅行社和旅游公司缓解淡季的经营压力，实现旅游业的均衡发展。

（九）会奖结合性

目前，奖励旅游与会议旅游之间的界限已日益模糊，两者的关系越来越紧密。超过半数的奖励旅游活动都包含着各种与会议有关的元素。这种趋势的形成与成本方面的考量、税收优惠及远程工作模式有关，越来越多的员工需要与同事面对面交流。

（十）长效性

奖励旅游并非简单的休闲娱乐活动。从本质上来看，奖励旅游是商务旅游的一种拓展形式。组织奖励旅游是一种企业行为，而非个人行为。

奖励旅游为员工提供了一个共同交流的平台。在旅游活动中，员工们可以增进对彼此的了解、加深友谊，从而增强团队的凝聚力。这种凝聚力的提升有助于形成积极向上的企业文化，进而促进企业的长期发展。在旅游过程中，企业会安排颁奖仪式、主题晚宴等活动。这不仅有助于增强员工的归属感，还能够激发员工为企业持续奋斗的动力。

五、奖励旅游的作用

奖励旅游作为一种特殊的激励方式，在组织管理中发挥着重要的作用。与此同时，奖励旅游的发展也有助于推动旅游目的地经济的发展和相关行业的发展。奖励旅游的作用主要包括以下几个方面。

（一）促进内部交流，推动企业文化建设

奖励旅游在增强企业文化建设方面具有不可小觑的作用。在日常工作中，企业员工往往因工作忙碌而缺乏深入交流和互相了解的机会。企业精心组织的奖励旅游则为员工提供了一个互相交流的平台。在旅游的过程中，员工们同住、同吃、同玩，这有助于增进彼此之间的了解，打破日常工作中的隔阂。

同时，奖励旅游也为员工与企业管理者搭建了一个特殊的沟通桥梁。在轻松愉快的旅游氛围中，双方可以进行更为自然、深入的交流，员工能够真切感受到管理者的关怀与期望，这有助于增强管理者的亲和力。因此，组织奖励旅游有助于促进人员交流，调整上下级之间、员工之间、企业与客户之间、客户与客户之间的关系。这种全方位的互动与沟通有助于提升员工、客户对企业的认同感。

作为一种独特的激励方式，组织奖励旅游能够达到很好的奖励效果。企业可以将企业文化和发展理念巧妙地融入旅游活动中，员工在享受旅游所带来的乐趣的同时，能更好地理解企业的价值观和愿景。与发奖金、送奖品等短期激励方式相比，奖励旅游能够为参与者带来沉浸式体验，给参与者留下更为深刻的印象。因此，奖励旅游日益成为企业和员工青睐的激励方式。

拓展阅读

跟业绩一起"挪"向埃及

（案例中的主人公钟先生是某医药公司的销售代表。）

春节后上班第一天，大家都收到一封销售总监发来的邮件。邮件中写道："明天全体人员到××会所开会，我将给大家带来特别惊喜。"第二天，我兴冲冲地赶到××会所。一进门，我就看到了地中海、尼罗河的大幅照片，大厅中央的墙上还张贴着狮身人面像的照片。销售总监带来的消息更让大家两眼放光："公司推出了新药，半年内，谁的销售业绩达到100万元，谁就能免费去埃及旅游！"

接下来的几天里，"埃及之旅"成了公司上下的热门话题，有关埃及风光的照片也被贴在了公司门口的墙上。为了获得去埃及旅行的机会，我们几个业绩一般的销售代表开始天天在外奔波。

到了第二个月，公司适时推出了"销售业绩龙虎榜"。与此同时，食堂的显眼位置张贴着一幅巨大的世界地图，每位员工都用代表自己的小棋子在地图上标记位置。随着销售业绩的提升，这些小棋子开始从上海向遥远的埃及移动。

于是加班成了家常便饭。在那段时间，老婆特别支持我，后来我才知道，她也收到了一条短信。短信写道："您的家人最近正在为工作奔忙，也许陪伴您的时间变少了，但只要他完成了100万元的销售业绩，您就可以和他共赴埃及之旅！"

6月底，公司举行了年中会议。总经理宣布，部分同事即将前往埃及！让我不敢相信的是，我听到了自己的名字……但随后收到的消息更令我激动。总经理宣布，如果有人能够再完成5万元的销售业绩，就可以享受公务舱。

听到这个消息，我决定必须把这5万元的销售业绩拿下。据说，因为前往埃及的人数比原计划多了5人，公司要多付一大笔旅游费。可老板比我们高兴，因为新药的销售额足足比原计划多了1200万元！

【点评】奖励旅游不仅被视为一种员工福利，更被看作是一种高效的管理工具。企业为了实现特定的企业目标，可以采用这种既能激励人心又能回馈员工的激励方式。对于企业管理者而言，设定明确的目标是关键。这些目标可以是"部门年度销售额达到1000万元"，或是"新产品在3个月内占据30%的市场份额"。更重要的是，这些目标需要被细化。例如，"销售人员需要完成100万元的业绩指标""人事专员需要为公司招聘到20名高级人才"。目标得以实现后，虽然公司最终需要承担一定的旅游费用，但这笔费用可能仅仅是员工所创造的利润的一小部分。

（二）提高旅游公司的效益，促进旅游目的地的经济发展

承接企业的奖励旅游项目能为旅游公司带来颇为丰厚的利润。奖励旅游的消费主要由企业承担，住宿条件、餐饮条件和交通工具的选择往往能够彰显企业的实力，而企业通常也期望通过组织此类活动提升企业形象。从消费能力来看，一个奖励旅游团的消费额可能是普通旅游团的消费额的几倍。奖励旅游的参与者不仅在吃、住、行、游、购等方面有着较高的要求，而且在旅游活动的内容、组织和接待服务上也有着较高的要求。由于奖励旅游的参与者都是收入较高的优秀员工，且旅游费用由企业承担，因此他们的个人购买力较强，倾向于购买高档商品。

对于旅游公司而言，承接奖励旅游项目的利润率远超承接普通旅游项目的利润率。当然，奖励旅游团也会要求旅游公司提供高质量的服务。企业组织奖励旅游还有利于促进旅游目的地的经济发展，特别是旅游业的发展。

知识链接

组织奖励旅游劳神费力，企业图什么？

组织奖励旅游虽然需要企业投入大量精力，但企业却能从中获得多重回报。

1. 增强员工归属感，优化企业管理机制

在现代企业管理日益注重人性化的背景下，奖励旅游已成为众多企业文化建设的关键环节，与薪资福利机制共同构成了员工激励体系的重要组成部分。组织奖励旅游有利于增强员工的归属感，进而维护团队的稳定性。

2. 满足企业的特定需求

由于行业间的巨大差异和活动目的的多样性，即使在同一旅游目的地组织奖励旅游，不同企业组织的奖励旅游活动也各具特色。一般来说，奖励旅游涵盖了讲座、互动分享、会议等有关活动，这些活动的开展能够丰富旅游内容，这也是奖励旅游与一般团队旅游的主要区别。例如，保险公司会在活动中强调慈善、公益、健

康等理念；科技公司则倾向于安排创新体验活动、技术研讨会；金融企业可能会安排高端商务交流晚宴、财经论坛等。这些特色活动不仅有助于企业的文化建设，还能满足企业的特定需求。

  3. 提升企业知名度和影响力

  对于很多企业而言，奖励旅游还承载着提高企业知名度、塑造企业品牌形象的重要使命。企业能够通过组织奖励旅游吸引社会各界的关注，提高社会影响力。

（三）促进旅游产品多元化，带动相关行业的发展

  随着社会经济的迅猛发展和生活节奏的加快，人们所面临的压力日益增大，对旅游产品的期待也越来越多。传统的观光旅游模式已难以满足现代人的多元化需求，这促使旅游公司积极创新，丰富旅游产品种类，优化产品结构，推动旅游向多元化的方向发展。回顾全球旅游业的发展历程，我们可以清晰地看到，当前的旅游形式不断丰富，主题旅游、会议旅游、展览旅游和奖励旅游等形式的旅游开始兴起。奖励旅游的兴起标志着旅游产品向着多元化的方向发展，这也体现了旅游公司对旅游资源的深度挖掘和高效利用。在我国，推动奖励旅游产品的开发不仅有助于旅游产品结构的调整和优化，还有助于促进旅游产品的迭代升级。

  此外，奖励旅游具有强大的行业带动力，能够促进餐饮业、住宿业、交通业等相关行业的繁荣发展。一般来说，旅游目的地的酒店通常是最直接的受益者，承接奖励旅游团会使酒店入住率大幅攀升，进而带动餐饮消费、商品销售等，为酒店带来可观的收入。

（四）提升旅游所在地的知名度和美誉度

  奖励旅游的社会效应不容小觑。承接奖励旅游项目能够帮助旅游所在地提升城市形象、塑造城市品牌、提升城市知名度。此外，奖励旅游的繁荣发展还有助于推动城市基础设施的升级，因为高质量的旅游体验离不开完善的配套设施。因此，奖励旅游的发展不仅为企业带来了活力，更为旅游所在地的发展注入了新的动力。

  奖励旅游还常常伴随着各种会议、展览和节事活动的举行，这些活动不仅是商务交流的平台，也是展现城市综合能力和魅力的窗口。这些活动的举办有助于促进经济合作项目的达成，为城市的长远发展积累宝贵的资源。

4.2 国内外奖励旅游概览

奖励旅游自问世以来便展现出强大的生命力。回顾以北美地区和欧洲地区为主导的国际奖励旅游的发展轨迹，奖励旅游的发展历程大致可划分为三个关键时期——20世纪初至20世纪50年代的初步探索期、20世纪50年代至20世纪90年代的快速发展期、20世纪90年代以来的成熟稳定期。

当前，人们对奖励旅游的理解日益加深，奖励旅游的内涵也不断丰富，奖励旅游逐渐成为企业战略管理中不可或缺的一环。西方企业普遍将奖励旅游视为一种高效的激励机制。以美国为例，保险、传媒、医药、金融、化妆品及电子科技等多个行业的大量企业常年组织奖励旅游。如今，奖励旅游已经发展成为一种在国内外广受欢迎的旅游形式。

一、国外的奖励旅游

（一）美国的奖励旅游

奖励旅游起源于美国。如今，美国是全球最大的奖励旅游市场，美国高度发达的商品经济和激烈的市场竞争环境为奖励旅游的蓬勃发展提供了肥沃的土壤。在北美地区，早期的奖励旅游兴起于销售行业，且多数奖励旅游由企业自行组织，规模相对较小。受到交通工具的限制，短途奖励旅游在当时更为普遍。

进入21世纪，随着航空业的迅猛发展，旅游市场的格局发生了显著的变化。越来越多的企业开始组织奖励旅游，这使得美国的奖励旅游市场迅速扩张，长途奖励旅游项目的数量也不断增长。欧洲是美国企业组织奖励旅游的主要海外目的地，这也推动了欧洲奖励旅游市场的繁荣发展。在美国，很多企业通过组织奖励旅游来营造竞争氛围，并且这些企业非常注重目标的设定和参与者资格的审核。在奖励旅游活动的设计上，美国企业致力于为参与者提供高质量的旅行体验。参与者入住的酒店通常是五星级酒店，旅游目的地则多为文化名城、历史名城或中心城市。

奖励旅游之所以在美国备受欢迎并蓬勃发展，是因为随着经济的发展，美国企业逐渐意识到奖励旅游作为一种高效的管理策略，对员工具有极大的激励作用。尽管自21世纪以来，美国企业所采取的非现金奖励方式趋于多样化，但仍有近40%的企业选择通过组织奖励旅游来表彰和激励表现优异的员工及合作伙伴。

美国国际会议与奖励旅游展是北美地区规模最大的专业商务会议和奖励旅游方面的展会。2024年美国国际会议与奖励旅游展于拉斯维加斯举行，有超过15000名来自100多个国家的观众参加了此次展会。

（二）德国的奖励旅游

德国在全球商务会议领域占据领先地位，其每年举办各类活动超过100万场。同时，德国也是全球举办展览数量最多的国家。法兰克福、慕尼黑、柏林等大城市持续不断地举办各类专业展览。德国的不少旅游公司在接待展览旅游团的同时承接奖励旅游项目。

法兰克福国际会议及奖励旅游展是全球最重要的商务会议和奖励旅游领域的专业盛会之一。该展会已成为德国乃至全球奖励旅游领域的重要交流平台。法兰克福国际会议及奖励旅游展吸引了大量的参展商和游客，展会涵盖了会议、展览、企业培训、团队建设、娱乐活动、奖励旅游等多个领域。参展商可以通过展会展示新产品和创新设计，与新客户建立联系并开展业务；同时，游客也能通过展会了解最新的市场趋势和未来发展动态。

为了吸引更多德国以外的企业和社会组织到德国开展奖励旅游活动，德国会议促进局的官方网站详细介绍了德国的交通便利性、德国在全球经济合作中占据重要地位的专业领域（如医药保健、交通物流、化学制药、能源环境、金融服务等）、具有全球影响力的奖励旅游目的地（如柏林、杜塞尔多夫、汉诺威等），以及一系列高品质的服务供应商（如玛丽蒂姆酒店集团、法兰克福展览公司等）。

（三）澳大利亚的奖励旅游

澳大利亚被誉为"骑在羊背上的国家""坐在矿车上的国家"和"手持麦穗的国家"，是南半球经济最发达的国家之一。在澳大利亚，游客既能感受到城市的活力四射，也能领略到雨林、堡礁、主题公园、农场和沙漠的独特魅力。

众多跨国企业和国际知名企业都选择将澳大利亚作为奖励旅游目的地和重要会议的举办地，这使得澳大利亚在商务旅游领域迅速崛起。2024年9月9日，澳大利亚标志性会奖旅游盛事"澳会有期"（Australia Next）在昆士兰州北部的凯恩斯市盛大举行。在此次展会期间召开的商务洽谈会汇集了来自世界各国的80位国际旅行社买家和96位澳大利亚会奖旅游行业卖家。澳大利亚旅游局局长表示，2023年3月—2024年3

---

① 黄永建，吴龙芳．澳大利亚会奖旅游全面复苏[J]．知识经济，2024，693（29）：62-63．

月，商务会奖旅游为澳大利亚带来了46亿澳元的收入。[①]

这一成就的取得很大程度上要归功于澳大利亚旅游局积极推行的奖励旅游计划。该计划提议通过直接为企业提供关于澳大利亚的旅行建议、宣传资料，为大型旅游团举办说明会、安排实地考察等方式，全方位地推广澳大利亚的商务旅游资源。这在一定程度上提升了澳大利亚在高端奖励旅游领域的吸引力。

全球各地的企业，尤其是亚洲国家的企业，倾向于将悉尼作为奖励旅游目的地，这主要归因于悉尼所具备的以下四大优势。

第一，悉尼以其独特的城市魅力吸引着众多企业。这座城市拥有天然海港和很多标志性建筑（如悉尼歌剧院、悉尼海港大桥），这就使得游客拥有丰富多样的活动选择，有不同预算需求的企业和不同规模的企业都可以在悉尼组织奖励旅游。

第二，悉尼的基础设施十分完善。无论是悉尼歌剧院、悉尼市政厅这样的地标性建筑，还是邦迪海滩等自然景点，都是开展奖励旅游活动的绝佳选择。同时，悉尼拥有众多国际知名酒店，且大部分酒店都位于市中心，便于游客前往。

第三，悉尼会议奖励旅游局能够提供专业的服务。悉尼会议奖励旅游局是一家独立的非营利机构，致力于帮助企业在悉尼举办别开生面的商务会奖活动。从活动的初步规划到执行，该机构的工作人员都全程参与，并为企业提供全方位的支持。悉尼会议奖励旅游局所提供的各项服务均是完全免费的。

第四，悉尼的国际航线网络非常发达。悉尼是连接澳大利亚与世界各地的重要航空枢纽，直飞航班众多。完善的机场设施和专业的服务能够让游客获得更好的旅行体验。

（四）新加坡的奖励旅游

在开展奖励旅游活动方面，新加坡享有得天独厚的地理优势。新加坡拥有一流的软硬件设施，基础设施完善，社会稳定，环境优美，能够承接各类奖励旅游活动。在住宿方面，新加坡能够为游客提供多元化的选择，满足拥有不同预算和需求的企业的要求。新加坡拥有上千个活动场地，这为各类活动的举办提供了充足的空间。

新加坡政府高度重视旅游业的发展，特别是奖励旅游。新加坡旅游局推出了"新加坡会展旅游优势计划"，整合了交通、景点、生活服务等多方面的资源，为奖励旅游团提供更加优质的一体化服务。

（五）泰国的奖励旅游

泰国政府高度重视奖励旅游的发展，推出了一系列激励措施，例如为酒店免除一定额度的运营费，以缓解酒店经营者的经营压力。泰国政府还鼓励相关企业进一步开发旅游资源，以均衡游客分布，提升游客的旅游体验。泰国拥有多个世界级的会议中心和展馆，如诗丽吉王后国家会议中心等，这些场地能够满足各类奖励旅游活动的需求。泰国还拥有丰富的旅游资源，包括美丽的海滩、独特的文化景观、丰富的历史遗迹等，能够为游客提供多样化的旅游体验。泰国国家旅游局也加强了与各大航空公司和酒店的合作，从而为游客提供更便捷的交通和住宿服务。

2019年，泰国国家会议展览局商务处正式发布"泰国会奖旅游专属计划"，欲借此刺激更多游客赴泰。泰国的上百家餐厅、酒店、商场等加入了该项目，为赴泰企业和游客提供更多的优惠。

泰国政府还编制了宣传奖励旅游的手册，内容包括泰国奖励旅游行程建议，以及有关泰国大型会议展览、饭店、接待公司、活动协办商的介绍，从而为组织奖励旅游的企业提供借鉴和参考。

二、中国的奖励旅游

改革开放以来，随着大批外资企业涌入我国，奖励旅游作为一种先进的管理手段开始在我国兴起。确切地说，我国的奖励旅游始于20世纪五六十年代，政府机关及大中型企业所组织的休假疗养活动已经具备了奖励旅游的部分特征。奖励旅游与休假疗养活动的特点比较如表4.2所示。绝大多数休假疗养活动的参与者都是政府机关与大中型企业的劳动模范和先进工作者，活动费用由政府和企业承担，组织相关活动的目的是表彰和激励优秀员工。由此可见，休假疗养活动和奖励旅游非常相似。

表4.2 奖励旅游与休假疗养活动的特点比较

项目	奖励旅游	休假疗养活动
组织者	企业或旅游公司	国家机关或大中型企业
目的	激励优秀员工	激励优秀员工
参与者	为企业发展作出贡献的优秀员工	劳动模范或先进工作者
费用承担者	企业	国家机关或大中型企业

从20世纪80年代末开始，奖励旅游的发展受到了政府的重视，原国家旅游局国际市场开发司专门负责重要旅游产品在国际市场上的宣传推广，指导驻外旅游机构的市场开发工作。国际市场开发司的成立对我国奖励旅游的发展起到了推动作用。

随着改革开放的不断深入，尤其是在我国加入世界贸易组织（WTO）之后，外资企业纷纷涌入我国，很多外资企业采取组织奖励旅游的方式对员工进行激励，这也推动了奖励旅游在我国的发展。进入21世纪，奖励旅游受到越来越多的我国企业的欢迎。很多大型企业每年都会组织数次奖励旅游，奖励旅游已成为我国旅游产业的重要组成部分。在北京、上海、广州等外资企业相对集中的城市，奖励旅游的发展更为迅速。

（一）香港的奖励旅游

香港被誉为"东方之珠""美食天堂"和"购物天堂"，是中西文化交汇之地，也是亚太地区重要的金融枢纽、航运枢纽和最具竞争力的城市之一。香港在开展奖励旅游活动方面拥有丰富的经验，是亚洲最受欢迎的奖励旅游目的地之一。目前，旅游业已成为香港的重要支柱产业。香港在开展奖励旅游活动方面拥有丰富的经验。香港拥有一流的会展场馆、丰富的酒店资源和优越的营商环境。2024年，香港在2024广州国际旅游展览会上被评为"最具魅力旅游目的地"。

香港不但旅游设施完善，而且服务质量高。香港的餐饮文化独具魅力，游客既能品尝到地道的港式美食，也能领略到世界各地的美食风味。同时，香港的交通网络发达，游客可以便利地前往各个景点和活动场所。香港的旅游公司注重满足游客的个性化需求。香港的不少旅游公司能够根据游客的兴趣和需求为其定制旅游产品。

（二）澳门的奖励旅游

从2016年开始，澳门特区政府致力于将澳门建设成为世界旅游休闲中心，使澳门成为多元化、现代化、国际化的旅游城市。2023年11月1日，澳门特区政府正式公布《澳门特别行政区经济适度多元发展规划（2024—2028年）》，并强调澳门要积极培育一批具有国际影响力的会展品牌，推动会展业市场化、专业化、国际化、数字化、绿色化发展。这也在一定程度上推动了澳门奖励旅游的发展。

澳门作为一个融合了东西方文化的城市，拥有丰富的旅游资源，这些资源为澳门奖励旅游的发展打下了坚实的基础。澳门拥有众多的历史建筑、文化遗产和现代娱乐设施，因此，不同类型游客的需求基本上都能得到满足。在奖励旅游的发展上，澳门特区政府和相关机构在政策上提供了有力的支持，这为澳门奖励旅游的发展创造了良好的环境。

拓展阅读

《香港会奖全攻略》让香港之行玩法无穷[①]

2024年4月24日，香港旅游发展局在香港丽晶酒店开展了一场针对会奖旅游的全新品牌活动——"香港会奖全攻略：玩法无穷，士气更雄"。《香港会奖全攻略》收录了超过100个新颖、独特的会奖旅游体验和团队活动，提供会奖旅游的创意点子，以满足业界的各种需求。此次活动吸引了超过110位来自内地、东南亚、韩国和印度的业界代表前来参加，代表们率先解锁攻略中推荐的精选项目，深入了解香港丰富的会奖旅游资源。

《香港会奖全攻略》囊括了"文化艺术""咫尺自然动静皆宜""大城小区""日夜缤纷派对""香港经典"五大主题。

《香港会奖全攻略》提供的旅行建议包括：
- 游览香港的艺术和文化场所；
- 亲手制作传统手工艺品；
- 远离城市的喧嚣，沉浸在大自然中；
- 探索城市的大街小巷，欣赏新旧融合的城市景观；
- 尽情享受香港日与夜的无尽狂欢；
- 参与各种盛事和派对；
- 游览香港的各种地标景点。

香港旅游发展局总干事表示，随着《香港会奖全攻略》的推出，香港的会奖旅游会提升到一个新的水平；香港会成为会奖旅游游客的主要目的地，为游客和奖励旅游团提供无与伦比的体验。

据介绍，香港旅游发展局的会奖旅游"超级伙伴计划"于全国重点城市展开，从奖励基金、行业协同、市场推广、创意行程这四个维度赋能合作伙伴。50家会奖旅行社和服务商成为香港旅游发展局深度合作的"超级伙伴"，各方将共同挖掘香港会议及奖励旅游市场的商机与优势。

[①] 王峰.《香港会奖全攻略》让香港之行玩法无穷[EB/OL].（2024-04-29）[2024-10-29].http://zjnews.china.com.cn/yuanchuan/2024-04-29/422011.html.（有删改）

（三）北京的奖励旅游

北京是一座兼具古老韵味与现代风貌的城市，不仅是中国的首都，还是中国的"四大古都"之一。北京是一座拥有3000余年建城史、800余年建都史的历史文化名城，有众多名胜古迹和人文景观。北京的奖励旅游发展迅速，其丰富的旅游资源使其在奖励旅游领域具有巨大的市场竞争力。

北京十分注重奖励旅游市场的开发和推广。原北京市旅游局于2000年成立了国际会展奖励旅游开发处。2009年，中国（北京）国际商务及会奖旅游展览会在北京举行；本次展会汇集了300多家南非、东南亚、欧洲、美洲和中东等地的旅游业、酒店业、航空业的供应商和买家，以及6300余名专业观众。2012年年初，原北京市旅游发展委员会正式成立北京高端会奖旅游服务机构，并积极推动北京会奖市场的发展。2017年，原北京市旅游发展委员会印发了《北京市会奖旅游奖励资金管理办法》[①]，以促进北京会奖旅游产业的发展，加强和规范北京市会奖旅游奖励资金的管理，提高资金使用效益。

随着北京旅游业的蓬勃发展，旅游产品的结构不断向多元化的方向发展。北京拥有雄伟的宫殿、优美的园林。北京的历史古迹以规模宏大而闻名，不但数量众多，而且规格较高。大批历史古迹（如长城、故宫、天坛等）具有极强的不可替代性。此外，作为现代化国际大都市，北京旅游服务设施完备、交通便捷，这使得北京被很多企业视为奖励旅游的优质目的地。2024年，北京市人民政府办公厅印发的《北京市推动旅游业高质量发展的实施意见》提出，要健全产品体系，推动旅游业态升级，打造和推广北京会展、会奖旅游品牌。

（四）广州的奖励旅游

作为历史悠久的对外通商口岸、海上丝绸之路的重要发源地之一，有"千年商都"之称的广州是我国华南地区的中心城市。广州是国际商贸中心、全国先进制造业基地、综合性门户城市、国际科技创新中心重要承载地。广州的经济发展十分迅速，商业非常发达。经过多年的发展，广州已成为国内仅次于北京、上海的最受欢迎的奖励旅游目的地。

广州作为国际旅游目的地和国内热门旅游城市之一，拥有得天独厚的发展奖励旅游的优势。广州文化底蕴深厚，拥有众多知名景点，这些景点为奖励旅游团提供了丰富的选择。同时，广州的餐饮、交通等配套设施也相当完善，能够满足不同游客的需

[①] 《北京市会奖旅游奖励资金管理办法》已于2022年9月30日废止。

求。此外，广州还出台了一系列政策措施，如《广州市组织接待游客来穗旅游奖励办法》，通过调整奖励门槛、提高奖励标准、优化奖励流程等举措，进一步推动奖励旅游的发展。

三、国内奖励旅游存在的问题

奖励旅游在我国部分城市发展速度较快，然而，受社会生产观念、生产力发展水平等因素的制约，奖励旅游在我国尚处于探索阶段。总体而言，我国在发展奖励旅游的过程中虽取得了不少的成绩，但也存在一定的问题。

（一）更多的扶持政策有待出台

自改革开放以来，各级政府大力发展旅游业，将其视为国民经济的新增长点。从整体上看，国家出台了较多旅游业方面的扶持政策，但是有关奖励旅游的扶持政策还较少。与此同时，部分税收政策的出台在一定程度上降低了企业组织奖励旅游的积极性，削弱了员工参与奖励旅游活动的主动性。

（二）部分企业对奖励旅游缺乏了解

目前，一些企业对奖励旅游缺乏足够的了解。国内部分企业仍只将奖励旅游看作一种公费旅游或企业给予员工、客户的福利，而未看到奖励旅游在提高员工、客户忠诚度以及增强企业凝聚力、向心力等方面所带来的附加值。部分企业的陈旧管理观念在很大程度上阻碍了我国奖励旅游的发展。许多企业在组织奖励旅游时，往往只是单纯地让员工、客户进行观光，未认识到组织奖励旅游的真正目的。同时，许多企业在组织奖励旅游方面缺乏前期规划，相关旅游活动与企业文化的结合也不够紧密。

（三）理论研究薄弱

我国在奖励旅游的学术研究上存在理论研究薄弱的问题，这成为阻碍我国奖励旅游健康、快速发展的重要因素。目前，国内学者对奖励旅游的理论研究大多缺乏系统性和深度。同时，在国内，学术界对奖励旅游的重视程度也较低。

（四）行业机制有待完善

从目前的情况来看，我国旅行社数量众多但规模普遍较小，市场竞争异常激烈。由于规模有限，很多旅行社难以对奖励旅游产品进行深度开发。不少旅行社为争夺客源打起了价格战，这会使我国奖励旅游的发展陷入恶性循环。在国外，策划公司、公关公司、旅行社等众多机构都会积极参与奖励旅游的市场运作，承担策划、设计、接待、宣传等方面的工作。在我国，旅行社在资源整合、开展合作等方面仍有待提升。

（五）区域发展不均衡

我国奖励旅游的发展目前主要集中在长江三角洲地区、珠江三角洲地区等经济发达区域，这些地区的配套设施相对完善。相比之下，其他地区奖励旅游的发展则较为滞后，这也导致我国的奖励旅游市场呈现出一种"区域集中、发展不均"的态势。我国奖励旅游目的地的选择范围过于狭窄，发展不均衡会导致市场竞争异常激烈。

（六）缺乏有效的营销手段

在奖励旅游发展的初期，国内的多数旅游公司普遍不具备承接奖励旅游项目的条件。然而，近年来，国内的旅游公司发展迅速，很多公司都具备了承接奖励旅游项目的能力。但由于我国旅游业起步较晚，不少公司虽然已经推出了相应的奖励旅游产品，但缺乏有效的营销手段，这也在一定程度上制约了我国奖励旅游的进一步发展。

四、国内奖励旅游相关问题的解决对策

（一）发挥政府的引导作用，加强各方合作

若要推动我国的奖励旅游实现飞速发展，政策支持是不能被忽视的。奖励旅游活动涉及多个行业，政府需要明确自身在推动奖励旅游发展中的主要角色，并在制定行业规范、实施市场管理、组织营销活动、出台优惠政策、优化服务环境、开展人才培训等方面发挥积极作用。政府应主要从以下几个方面开展工作。

第一，政府应加强调研力度，规范奖励旅游市场。相关部门应对国内的奖励旅游市场进行调研并收集数据，出台具有约束力的规章制度，鼓励良性竞争，构建优胜劣汰的市场机制。同时，相关部门应通过发布信息帮助企业和消费者深入理解奖励旅游的内涵与价值，从而有效培育和扩大奖励旅游的市场需求。

第二，政府应出台一系列有利于我国奖励旅游发展的优惠政策，通过减免税收、提供优惠补贴等手段推动奖励旅游市场的发展。

第三，政府应积极组织实力雄厚的旅游公司参加国外大型知名旅游会议和展览活动，或邀请国外企业来华考察，并聘请国外专家开设与奖励旅游相关的培训讲座。

第四，政府应鼓励相关部门举办中小型奖励旅游供需对接会，为供需双方搭建交流的平台，使旅游公司有机会与国内买家或国际买家进行面对面的商务洽谈。政府应为与奖励旅游相关的国际合作提供各种便利条件。

第五，政府应规范旅游行业的整体秩序，为奖励旅游的发展创造良好的环境，完

善相关法律法规，定期对承接奖励旅游业务的企业进行检查和监督，确保奖励旅游市场朝着健康、有序的方向发展。

（二）重视创新，开发多样化的奖励旅游产品

丰富奖励旅游目的地的旅游产品是推动奖励旅游进一步发展的关键。旅游公司应与策划公司、公关公司和景点紧密合作，根据游客的独特需求打造别具一格的奖励旅游产品。在奖励旅游产品的开发方面，旅游公司需要不断创新，努力设计和开发高质量、多样化的奖励旅游产品。想要实现奖励旅游产品的创新，旅游公司应从以下几个方面入手。

第一，旅游公司要为游客定制新颖、独特的奖励旅游产品。为了有效发挥奖励旅游的作用，从策划到运作，旅游公司都需要紧密结合企业独特的文化理念，并融入创新元素。在选择旅游目的地时，旅游公司应倾向于选择那些个人难以自行前往的地点，以激发游客的兴趣。

第二，奖励旅游应与会议等其他形式的活动结合。随着奖励旅游的发展，单纯的奖励旅游活动已不能满足人们的需要。目前，将奖励旅游与会议旅游相结合的"奖励性会议旅游"成为新的发展趋势。旅游公司应当将奖励旅游与各类活动（如会议、培训、颁奖典礼、主题晚会、晚宴、舞会等）巧妙地结合起来。例如，企业可以通过开展拓展培训培养团队的合作意识与进取精神，将企业文化有机地融入旅游活动之中。这就要求旅游公司与企业加强沟通，深入了解企业与参与者的需求，根据参与者的性别、年龄、职业、爱好等特征设计内容丰富、特色鲜明的各类活动，使参与者在享受旅行的同时获得非比寻常的体验。

第三，奖励旅游的相关活动应具有参与性、互动性和体验性。旅游公司应当设计一些既能调动参与者的兴趣，又能给参与者留下深刻印象的体验性旅游项目，让参与者既能领略到自然美景和异地风情，又能开阔视野、丰富阅历。

虽然"需求引导供给"是旅游市场发展的普遍规律，但目前我国奖励旅游市场的发展却呈现出"供给先行、需求跟进"的特点。当前，国内的奖励旅游产品普遍存在着质量一般、档次不高、内涵不够丰富的问题。使我国奖励旅游的发展走出困境的关键一步是提升供给水平，以有效满足市场需求。因此，旅游公司应深入调研奖励旅游市场，精准定位目标市场，提供令游客满意的奖励旅游产品。旅游公司在开发奖励旅游产品时，应准确把握游客的心理偏好。旅游公司还应加大奖励旅游产品的营销和推广力度，着重宣传其独特价值和高回报率，以吸引企业的关注。此外，奖励旅游公司应当与其他机构加强合作，聘请相关专家进行深入的研究，以提升奖励旅游的专业化水平。

（三）注重专业人才的培养

我国拥有丰富的旅游资源，但缺乏奖励旅游方面的专业人才。奖励旅游是旅游业的重要组成部分，相关人才必须具备较强的专业能力，例如策划能力、组织能力、统筹能力、危机应对能力、创新能力。从业人员要切实为客户着想，精通相关业务，与企业客户、团队成员、供应商以及当地相关部门密切合作，理解企业客户的需求和期望，与团队成员协作完成各项任务。然而，目前我国尚未形成一套独立的奖励旅游教育与培养体系，开设相关课程的高校数量较少，高校培养出的学生难以满足奖励旅游市场的发展需求。

奖励旅游专业人才的培养可以通过多种途径实现。

第一，部分高校应当开设与奖励旅游相关的课程，特别是那些有旅游专业和会展专业的高校。此外，旅游公司还可以与高校建立合作关系，进行奖励旅游专业人才的定向委培。这样做既能发挥高校的专业优势，又能使高校加强与旅游公司的深度合作，使在校学生拥有到一线实践的机会，从而培养出高素质的专业人才。

第二，条件较好的旅游公司可以独立培养专业人才。旅游公司可以尝试与国际性行业组织和机构合作，为有发展潜力的员工提供出国深造的机会。此外，相关政府部门还可以邀请海外专家和国内资深从业者，对我国奖励旅游从业人员进行有针对性的培训。旅游公司还可以引进国外奖励旅游领域的专业人才，并汲取北京、上海、广州等奖励旅游发展较快的地区的人才培养经验。

（四）重视市场营销

我国作为全球知名的旅游接待国，拥有得天独厚的自然资源、深厚的人文底蕴、多元的文化特色以及完善的旅游设施和服务体系，完全有条件在奖励旅游领域实现快速发展。随着奖励旅游市场需求的不断增长，选择合适的营销渠道与策略变得愈发重要。

鉴于奖励旅游产品与常规旅游产品相比具有一定的特殊性，且购买奖励旅游产品对于企业客户而言属于重要决策，旅游公司必须通过实地考察、电话沟通、面对面洽谈及口碑营销等多种方式，与企业客户建立紧密的联系，并制定既能够凸显产品特色又具有吸引力的宣传策略。

实践表明，邀请企业决策者亲身感受旅游目的地的独特魅力是促成交易的有效手段。在考察旅游目的地期间，旅游公司可围绕奖励旅游的主题创意、整体方案、餐饮安排、住宿安排、交通方式及娱乐设施等多个维度与企业客户展开深入的交流。同时，旅游公司应当秉持精准营销的理念，采取定制化的营销手段，提升营销水平。

此外，旅游公司还可以主动出击，向企业客户主动推销本公司策划的奖励旅游产品，以增进企业客户对奖励旅游的了解。旅游公司也应当充分利用专业旅游展会等平台，结合当前的旅游热点与公司的优势资源，向广大企业客户展示奖励旅游产品。

五、我国奖励旅游的发展方向

我国奖励旅游的发展方向主要表现为以下几个方面。

（一）奖励旅游的发展将得到越来越多的关注和支持

随着奖励旅游在国内的蓬勃发展，人们对奖励旅游的认识发生了显著的变化，奖励旅游也得到了越来越多的关注和支持。

首先，奖励旅游作为一种新颖的激励员工的手段，不仅获得了企业的青睐，也得到了政府部门的肯定。面对奖励旅游的广阔发展前景，政府部门正积极推广奖励旅游项目，并激励符合条件的企业投身于相关市场的开拓。

其次，我国经济稳步增长，众多企事业单位、民营企业已具备组织奖励旅游的经济基础。同时，这些企业在管理上正逐步与国际接轨。因此，蓬勃发展的国内企业已成为奖励旅游的主要消费群体，并推动国内奖励旅游市场的持续扩张。与此同时，大量外资企业近年来涌入国内，这也为我国奖励旅游的发展注入了新的活力。

最后，由于奖励旅游的季节性不强，并且开展相关业务能够为旅游公司带来丰厚的利润，解决旅游淡季市场需求不足的问题，未来将有更多的旅游公司积极开发相关产品。当前，旅游业已经进入了微利时代。为了在激烈的市场竞争中站稳脚跟，旅游公司必须不断发掘新的市场需求，创新旅游产品的内容，开发能为旅游公司带来高收益的奖励旅游产品。

（二）奖励旅游的形式将更加多样化

从整体上看，会展旅游发展迅速，而奖励旅游的发展却相对滞后。由于奖励旅游的参与者多为同一组织的成员，越来越多的企业选择将奖励旅游与企业会议相结合，以提升活动的有效性。随着奖励旅游成本的不断上升，单纯的奖励旅游活动逐渐减少，而与会议相结合的奖励旅游则逐渐成为主流。这种结合不仅符合企业的需要，也体现了奖励旅游的发展趋势。

在国内，企业文化的构建，特别是团队合作精神的培养，已受到越来越多企业的关注。开展团队拓展训练是构建企业文化的重要一环，旅游公司可以针对企业的这一需求精心策划高端团队拓展项目，将奖励旅游与团队拓展项目巧妙融合。

此外，一些企业还将奖励旅游与分时度假相结合。分时度假是指消费者以一定的价格购买某度假地的一处住所（如公寓、别墅等）的部分时段的使用权，购买者在一定的时段内拥有该住所的独家使用权，可以在这段时间内在该住所享受度假生活。对于经常组织奖励旅游的企业而言，将奖励旅游与分时度假相结合能够有效降低企业的旅游成本。

（三）奖励旅游的主题设计越来越受到重视

每家企业都拥有其独特的企业文化，因此，当企业组织奖励旅游时，它们期望承接奖励旅游项目的旅游公司能够为其员工量身定制一款独特的奖励旅游产品。在这种情况下，旅游公司必须深入了解企业的具体情况、企业文化以及企业组织奖励旅游的目的，从而为奖励旅游确定一个具有针对性的主题，并根据该主题来设计旅游产品。这样做有助于突出奖励旅游产品的独特性。

奖励旅游的主题设计是否合理在很大程度上决定了奖励旅游活动的质量。在设计主题时，旅游公司需要综合考虑以下因素。

1. 企业情况

旅游公司应当详细了解企业的各方面情况，例如企业的类型、主营业务、企业形象、员工构成，以及组织奖励旅游的具体原因等。如果参与者主要是年轻女性，那么奖励旅游的主题可以是时尚购物之旅；如果参与者主要是年轻男性，那么奖励旅游的主题可以是活力运动之旅。

2. 活动背景与主要目标

旅游公司应当明确企业组织奖励旅游的背景，以及企业希望通过组织奖励旅游实现哪些目标。如果企业在某销售计划圆满完成后组织奖励旅游，那么奖励旅游的主题应当体现庆功等元素；如果企业在年终组织奖励旅游，那么奖励旅游的主题应当体现表彰等元素。

3. 目的地特色

不同旅游目的地风格各异。旅游公司可根据旅游目的地的特点来设计主题。例如，如果将北京作为旅游目的地，那么主题可以定位为"古都文化之旅"或"胡同风情之旅"；如果将南京作为旅游目的地，主题可以定为"寻访秦淮旧影"。

4. 活动形式

奖励旅游的活动形式是多种多样的。旅游公司可根据活动的形式来设计主题。例如，如果活动形式是户外探险，那么主题可以是"勇攀高峰，挑战自我"。

（四）对奖励旅游的内涵与外延的研究愈发深入

国外学者对奖励旅游的研究较为全面，但其研究主要集中在人力资源管理领域。随着我国奖励旅游市场的蓬勃发展和奖励旅游产品种类的日益丰富，我国学者对奖励旅游的内涵与外延进行了更为广泛而深入的研究。我国学者在借鉴国外研究成果的基础上，还积极探索了新的研究领域。

第一，一些国内学者开始对奖励旅游开发中的各利益相关者进行研究，包括奖励旅游的购买者、奖励旅游产品的开发者、奖励旅游的参与者及其家属等，旨在探讨如何平衡各方利益，实现利益最大化。

第二，随着旅游业的多样化发展，奖励旅游与各类专题旅游的融合也成为新的研究方向。奖励旅游与展览旅游、会议旅游等其他旅游形式有很多交集，研究如何将各种旅游形式相融合有助于促进整个旅游业的繁荣，具有重要的现实意义。

第三，奖励旅游的市场环境研究也成为我国学者关注的重点。奖励旅游市场会受到多种因素的影响，如政治因素、经济因素、文化因素等。系统、科学地分析奖励旅游市场环境中的相关因素，有助于相关企业抓住市场机遇，取得竞争优势，规避潜在的风险和威胁。

章前案例分析

会奖旅游包括会议旅游和奖励旅游。我们可以从案例中看到，目前泰国为了争取我国的奖励旅游市场积极与我国的旅行社洽谈。奖励旅游具有很强的经济带动性，因此奖励旅游是各国旅游业的发展重点。奖励旅游在推动国家之间的交流和合作方面也起到了积极的作用。

本章小结

本章主要阐述了奖励旅游的概念和类型，概括了奖励旅游的特点和作用，对国内外奖励旅游的发展现状进行了深入的分析，揭示了国内奖励旅游存在的主要问题，提出了解决问题的对策，并指出了我国奖励旅游未来的发展方向。

复习思考题

一、名词解释
奖励旅游

二、简答题
1. 奖励旅游的特点有哪些？
2. 奖励旅游的类型有哪些？
3. 奖励旅游的作用有哪些？
4. 简述一般团队旅游和奖励旅游的主要区别。

三、论述题
国内的奖励旅游目前存在的主要问题有哪些？请针对这些问题提出建议或对策。

四、案例分析
结合下面的材料回答以下问题：

1. 新一代的奖励旅游参与者有哪些特点和偏好？
2. 基于报告中提到的奖励旅游的发展趋势，旅游公司应如何调整其总体策略？
3. 为了吸引新一代的奖励旅游参与者，旅游公司在设计奖励旅游产品时要考虑哪些方面？

奖励旅游作为一种企业的激励手段，在提升员工士气、增强团队凝聚力、促进业务发展方面发挥着重要作用。为了更好地理解行业现状、预测未来趋势，并为企业提供决策支持，国际奖励旅游精英协会和牛津经济研究院于2024年10月联合发布了有关奖励旅游的发展报告。报告显示，当前全球奖励旅游活动的人均支出为4900美元。27%的受访者的人均支出为3000～5000美元，22%的受访者的人均支出为1500～3000美元，20%的受访者的人均支出为5000～7000美元。人均支出高于平均水平的受访者所在的行业为科技、金融、保险、汽车等。报告的相关数据显示，27%的奖励旅游活动预算用于酒店住宿，21%的奖励旅游活动预算用于支付航空费用，18%的奖励旅游活动预算用于餐饮，13%的奖励旅游活动预算用于活动组织，4%的奖励旅游活动预算用于购买礼品。

企业在组织奖励旅游前往往会进行奖励资格认证，以确定哪些员工有资格参加奖励旅游。传统的奖励旅游认证标准通常与员工的工作表现、销售业绩或企业制定的其他工作目标挂钩，制定标准的目的是激励员工达成目标并获得参加奖励旅游的机会。尽管传统的奖励旅游认证标准仍然占据主导地位，但报告也显示出一系列的变化趋势。比如，越来越多的企业在设定标准时将员工的参与度、团队合作能力以及企业文化融入标准中。

　　报告显示，个人安全、地缘政治成为买家选择目的地的重要考量因素。买家虽有选择短线旅行的趋势，但也会考虑选择从未前往过的目的地。报告还显示，新一代的奖励旅游参与者不仅渴望在旅行中获得独特的体验，而且希望在参加奖励旅游的同时不牺牲个人福祉或陪伴亲人的时光。新一代的参与者在参加奖励旅游的过程中更愿意选择当地的小吃店，而不是五星级餐厅。在礼品选择方面，他们可能更倾向于选择当地企业生产的商品，以及真正能够体现当地特色的商品。年轻的参与者还会延长他们的行程，因此许多年轻参与者更愿意自己预订航班，以获得更多的自由。

第五章 策划概述

学习目标

知识目标

- 掌握策划的含义和基本特征；
- 了解策划的重要意义；
- 熟悉策划的基本要素与基本原则。

技能目标

- 能够根据策划的程序和方法写出简单的策划方案。

关键词

- 策划、策划的基本特征、策划的基本要素、策划的基本原则、策划的一般程序、策划方法

案例导入

策划的作用

策划是对未来行动的系统性规划和设计。它不仅仅是一个简单的计划或想法，而是融合了市场分析、目标设定、策略制定、资源调配等多个方面的综合过程。人们可以通过策划清晰地定义项目的目标，确保所有参与者都对项目的整体情况和预期成果有统一的认识，从而避免盲目行动和资源浪费。人们还可以通过策划更好地了解项目所需的资源，并对资源进行合理的分配，确保资源的高效利用。

我们可以通过几个具体的案例来说明策划所起到的作用。

2000年左右，巴西宝洁公司为推广雅倩洗衣粉，策划了一项具有创新性的营销活动。该公司的员工在里约热内卢的一个海滩拉起了一条长达2万多米的晾衣绳，上面晾晒了上万件用雅倩洗衣粉洗涤的白色衣服。这项活动的开展成功吸引了公众的注意，还极大地提升了品牌形象。这一案例充分展示了策划所起到的巨大作用。

20世纪80年代，可口可乐与花旗银行合作策划了"全美手牵手"活动。这一活动通过鼓励人们手牵手沿边境公路行走，强调人与人之间的联系以及品牌与客户的关系。这场活动在社会上引起了巨大反响，增强了消费者对品牌的认同感和忠诚度。

5.1 策划的含义和基本特征

我国已经进入策划时代，人人都在谈策划，营销策划、广告策划、活动策划、企业策划等越来越受到人们的重视。但是，策划到底是什么？策划对于我们的生活和工作而言到底有哪些重要的意义？我们如何才能成为一个合格的策划人？随着我国信息产业、文化产业与创意产业的不断发展，策划发挥的作用越来越明显。我们在探讨各类策划之前需要对策划的含义和基本特征进行深入的了解。

一、策划的含义

所谓策划，就是指人们在社会活动中为了达到某种目的，在综合运用各方面信息的基础上，利用一定的科学方法和手段事先进行系统、全面的构思与设计。策划者需要制订合理、具有可行性的方案，并在实施与执行的过程中根据目标的要求和环境的改变不断对方案进行调整。由此可见，策划是一项具有创造性的活动。

策划者在策划的过程中需要了解以下几个方面。

（一）目标是策划的起点

策划是人们为了达成一定的目标而开展的活动，策划目标是策划者希望达到的预期效果。策划的涉及面很广，策划的目标也可以是多种多样的，比如企业发展目标、市场营销目标等。

（二）信息是策划的基础

成功的策划者往往能够对各个方面的信息进行综合分析与筛选。策划者需要充分发挥主观能动性，在头脑中对各种信息进行加工，再根据加工后的信息制订策划方案。

（三）创意是策划的核心

策划者的核心工作是出谋划策，策划成果是创造性思维的结晶。在一定目的的驱动下，策划者需要在整合各种信息的基础上制订出具体的实施方案，并在执行方案的过程中对其加以调整。策划者在策划的过程中需要运用创造性的思维，在发现问题后提出解决问题的方法。策划是否具有创意决定了方案是否具有独特性，也决定了策划效果的好与坏。

（四）策划是一项系统性工作

不管是大型策划还是小型策划，策划者都需要考虑自身情况、环境状况等因素，制订出有助于实现目标的直接方案或间接方案，在对方案进行分析、比较和修改的基础上，选择最有效的方案并予以实施。策划者需要在实施方案的过程中对方案进行修改和完善，最终实现策划目标。由此可见，策划是一项系统性工作。

二、策划的基本特征

策划的基本特征表现为以下几个方面。

（一）目的性

任何策划都是为特定的意图和目标服务的。策划目标是否达成是评判策划成功与否的唯一标准，这体现了策划的目的性。在某些情况下，策划者会设定多个目标，这些策划目标通常是明确而具体的。从策划的实施主体来看，目标可分为团体目标和个人目标；从目标的层次来看，目标可分为总目标和分目标；从重要程度来看，目标可分为主要目标和次要目标。目标通常具有明确性、可行性和可塑性，制定策划目标有助于策划者明确策划活动的具体范围和策划工作的具体方向。

（二）超前性

策划是一种面向未来的布局。正所谓："预则立，不预则废。"策划者需要对当前的主要情况进行深入的调查和研究，预测可能影响策划效果的各项因素。在海量的信息面前，策划者需要精挑细选，透过现象看本质，做到去伪存真并提炼核心信息。虽然策划具有超前性，但策划者需要在策划的过程中尊重现实情况，不能脱离现有条件。

（三）创意性

如果策划者在制订方案的过程中仅仅对信息资源进行简单的整合，策划内容缺乏创意，那么这样的方案只能算作实施计划，而不能算作真正的策划方案。策划强调的是创意和构思，为了达到预期效果，策划内容必须包含具有创造性的新思路、新观点和新方法。只有这样，策划方案才具有独特性。创造性思维使策划具有生命力。创造性思维的产生和形成需要策划者拥有深厚的知识底蕴、敏锐的觉察力、丰富的想象力。因此，策划者必须学习各方面的知识，包括与策划、营销、广告、设计有关的知识。策划者只有拥有了深厚的理论基础，才能在有据可依的前提下充分发挥想象力，完成策划目标。

（四）综合性

在制订策划方案之前，策划者需要对现有信息进行系统的整理和分析，运用多方面的知识，发挥创意思维，做好前期的策划准备工作。策划工作具有很强的综合性。在整个策划过程中，策划者需要在不同阶段完成不同的任务，从策划方案的制订、信息的分析，到创意的产生和形成，再到方案的执行及执行过程中的调整，策划的每一个环节都联系紧密。

（五）具体性

策划者需要在具体的策划工作中落实每一项任务，以实现策划目标。策划者不仅需要针对未来的行动提出指导性的意见，还需要对未来行动的每一个具体细节进行周密的安排。例如，策划一场大型演唱会时，策划者必须对演唱会的每一个环节进行细致的安排，从演唱会主题的确定、场地的选择、明星的邀请，到舞台的布置、嘉宾名单的确认等，每一项任务都需要策划者认真落实，以确保演唱会的顺利进行。不同客体的策划要求各不相同，因此，策划者需要做到具体情况具体分析。

5.2 策划的重要意义

我们知道，人类的活动离不开策划。不论是与工作有关的新闻策划、广告策划、影视策划，还是与学术有关的选题策划，策划越来越受到人们的重视。策划的意义主要体现在以下几个方面。

（一）策划为行动提供指导和纲领

策划是在行动之前对可能影响结果的各项因素进行分析，并提出具体解决方法的活动。有了明确的策划方案，策划者组织相关活动时就有了参照的依据，活动就会朝着预期的方向发展。如果没有策划，一切都像摸着石头过河，失败的可能性就会增加。策划能够为活动的开展提供具体的指导，这有助于提高活动的有效性和可预测性，避免失误的产生。因此，策划为人们的行动提供了指导和纲领，是人们在实践活动中取得成功的重要保证。

（二）策划能增强活动的竞争力

策划是竞争的产物，没有竞争就没有策划。为了达到策划目的，策划者需要运用创新思维，在开展活动之前对信息进行全面的分析、加工，对未来要发生的事情进行预测，以提高活动的可行性和有效性。在这个过程中，策划者会对各种有利因素和资源进行整合，在对相关资源进行取舍的同时，采取一定的措施，以增强活动的竞争力。由此可见，策划能起到点石成金的作用。

例如，在开展营销策划的过程中，不管是整合营销还是链路营销，企业都会对营销过程中涉及的有关信息进行分析和加工，对消费者的心理进行预测，对各种因素和资源进行整合，从而让各类资源相互协调，以增强企业的营销竞争力，提高企业的品牌影响力。

（三）策划是决策的前提和基础

做好策划工作有助于确保决策的正确性和可行性。策划思维是一种理性思维，在作出决策之前，如果策划者能够事先制订多种备选方案，提出多种解决方法，并对每一种方案进行预测和评估，决策的科学性将得到保证。

5.3 策划的基本要素

策划的基本要素是指开展策划活动的过程中必不可少的要素，主要包括策划主体、策划客体及策划环境。

一、策划主体

策划主体指的就是策划者。我们可以根据策划性质、策划领域、策划主体的角色等多个维度对策划主体进行分类。

（一）按策划性质划分

按策划性质划分，策划主体可分为全局性策划主体、战略性策划主体和战术性策划主体。

全局性策划主体主要负责整体策划和全局规划，通常关注长期目标和整体利益。

战略性策划主体负责制定长期的发展战略，确保组织或项目在未来一段时间内朝着正确的方向发展。

战术性策划主体负责短期策划和策划的具体执行，关注当前的策划效果和策划效率。

（二）按策划领域划分

按策划领域划分，策划主体可分为商业策划主体、政府策划主体、文化策划主体和科技策划主体。

商业策划主体的主要工作涉及企业营销、品牌推广、产品策划等方面，旨在提高经济效益和市场竞争力。

政府策划主体主要负责政府项目策划、公共活动策划等，旨在推动社会发展，维护公共利益。

文化策划主体的工作涉及文艺活动、文化传播、教育策划等领域，旨在丰富人们的精神文化生活。

科技策划主体的工作涉及科技创新、技术研发等领域，旨在推动新技术的应用。

（三）按策划主体的角色划分

按策划主体的角色划分，策划主体可分为策划决策者、策划执行者和策划评估者。

策划决策者负责决策和策划方案的制订。

策划执行者负责策划方案的实施和执行。

策划评估者负责对策划方案的效果进行评估和反馈。

> **知识链接**
>
> ## 与策划有关的职业
>
> 在实际工作中，与策划有关的职业有战略策划师、项目策划经理、创意策划人、活动策划师、品牌策划专家等。
>
> 战略策划师是负责整体战略规划的策划主体。他们通常在实际的策划工作中负责制定长期目标、明确战略方向。
>
> 项目策划经理是负责全面规划、设计并执行策略方案的策划主体。他们需要确保项目按时、保质、保量完成。
>
> 创意策划人是负责提出创新想法、制订创意方案的策划主体。他们需要时刻关注市场动态、消费者行为和行业趋势。
>
> 活动策划师是负责策划和组织各类活动的策划主体。这些活动可能包括会议、展览、庆典等。他们需要确保活动的顺利进行并使活动达到预期效果。
>
> 品牌策划专家是负责品牌建设和推广的策划主体。他们通过制定品牌策略、设计品牌形象和传播品牌故事，来提升品牌的知名度和美誉度。

二、策划客体

策划客体是指策划的对象。需要特别注意的是，策划主体与策划客体之间存在策划与被策划的关系。

以月球为例，在古代，"奔月"只是一种愿望，人们无法真正实现这一愿望，此时，月球只是认识客体。当策划主体策划如何登上月球，并在现代科技的强大支撑下对月球进行研究的时候，月球就成了策划客体。

一般来说，策划客体可分为自然客体、社会客体和精神客体。

自然客体是指在自然界中被视为策划对象的客观事物，如探月计划中的月球。

社会客体是指在社会中被视为策划对象的人和物。社会客体可分为有形社会客体和无形社会客体两大类。在策划领域，有形社会客体指的是社会中的那些具有明确形态的、可被视为策划对象的客体，无形社会客体指的是社会中的那些不具有明确形态的、可被视为策划对象的客体。

精神客体是指在策划领域被视为策划对象的与精神有关的客体。精神客体可以分为三种类型，即个体精神客体、群体精神客体和精神产品客体。在策划领域，个体精神客体是以个人精神为主体的策划对象，群体精神客体是指以群体精神为主体的策划对象，精神产品客体是指以精神产品为主体的策划对象。

三、策划环境

任何事物都不能脱离周围的环境并孤立地存在，所有策划活动都是在一定的环境中进行的。策划环境是指影响策划的实施和策划效果的所有外部条件和内部因素的总和。

策划环境包括自然环境和社会环境。在策划领域，自然环境是指与策划活动直接相关的各类自然因素，如地理因素、气候因素；社会环境则是指与策划活动相关的各类社会因素，如经济因素、文化因素。在策划的过程中，策划主体在对策划环境进行分析时，需要充分利用有利的环境因素，减少不利因素给策划活动带来的负面影响。

5.4 策划的基本原则

策划的基本原则是指策划主体在策划的过程中为了达到最佳效果必须遵守的准则。策划主体需要遵循以下几项原则。

一、目的性原则

目标是策划的起点。策划活动从一开始就具有明确的目的性，所有活动都围绕目标展开。明确的目标犹如茫茫大海中的灯塔，为策划指明方向。有了明确的目标，策划主体就可以少走一些弯路，以最快的速度、花费最小的代价达到目标。一般来说，营销策划的目的是扩大市场份额，广告策划的目的是提高品牌知名度，公关策划的目的是营造有利于企业生存与发展的良好环境。

二、创新性原则

创新性原则要求策划主体在策划活动的过程中突破传统思维的束缚，打破常规，在全面分析信息的基础上运用创造性思维，从而赢得主动权。创意永远是策划的核心。策划主体如果能够遵循创新性原则，往往能取得意想不到的效果。缺乏创新，策划活动便失去了意义。

三、可行性原则

策划是策划主体在对策划环境和信息进行全面、深入的调查分析的基础上，对未来行动的可行性及执行效果进行预测和评估的过程。若策划方案缺乏可操作性，便如同纸上谈兵。一般而言，具有可行性的策划方案应包含以下几项内容。

（一）可行性分析

可行性分析通常包括以下几种类型。

① 利害性分析，即评估策划带来的积极影响和消极影响。

② 经济性分析，即考量策划是否能够以最低成本实现最佳效果。

③ 科学性分析，即判断策划是否建立在科学理论的基础上，策划方案实施后能否改善现状、促进各方面关系的和谐统一。

④ 合法性分析，即评估策划是否符合法律法规的要求。

（二）可行性实验

部分策划需要策划主体进行可行性实验，以验证其可行性和合理性。

开展可行性实验的实施步骤包括以下几点。

① 根据策划方案的核心内容和预期效果，确定实验的具体目标。

② 详细的实验计划，包括实验对象、实验方法、实验周期、数据收集与分析方法等。

③ 根据实验目标，选取具有代表性的样本进行实验，确保实验结果的准确性和可靠性。

④ 认真记录实验过程中的各项数据和反馈。

⑤ 对收集到的数据进行深入分析，评估策划方案的可行性和合理性，分析存在的问题并总结改进方式。

四、系统性原则

在开展策划工作的过程中，策划主体需要全面、系统地考虑问题。策划主体应当具备独特的眼光并找到创新点，具备出色的执行能力，灵活应对各种情况，做到统筹兼顾、运筹帷幄。

五、客观性原则

策划的客观性主要表现为以下几个方面。

① 策划的开展建立在全面且系统地挖掘原始信息的基础之上，信息的客观性是策划工作顺利开展的基础，有助于确保策划工作以事实为依据。

② 策划主体必须遵循事物发展的客观规律，这是策划工作的核心原则。策划的客观性要求策划主体精心设计策划主题，使其顺应时代发展趋势、反映大众的心声。策划主体需要立足于现实，开展深入、细致的调查与研究，"没有调查，就没有发言权"。通过深入调研获取详尽、全面、准确且时效性强的第一手资料，是确保策划工作顺利开展的关键。此外，策划主体还需要进行可行性分析，为后续工作的开展提供多个备选方案。

③ 策划活动必须在法律允许的范围内进行，不得逾越法律的边界。

④ 策划主体需要遵守社会伦理道德，尊重人们的宗教信仰、风俗习惯等。在当今社会，一些策划主体希望出奇制胜，但若为博眼球而突破道德底线，必将造成严重的负面影响。

5.5 策划的一般程序

通过对策划的了解，我们知道，策划是一项综合性很强的工作。策划主体、策划客体或策划环境不同，策划要求也会有所不同。然而，我们可以基于策划的特征和基本原则归纳出策划的一般程序。

（一）确立预期目标

明确的目标是策划活动的起点。唯有确立了目标，行动的方向才能得以明确。在确立预期目标的过程中，策划者需要通过收集和分析信息发现问题，分析问题存在的原因，然后明确策划工作的具体任务，帮助人们解决问题。设定一个清晰的目标，不仅是制订策划方案的基础，也是策划主体评估方案有效性及实施效果的关键依据。

（二）收集并处理信息

收集信息是策划的基础性工作。缺乏有效的信息，策划工作就难以开展。策划主体通常需要依赖大量宏观信息和微观信息来了解和把握外部环境。策划主体所获取的信息必须是准确、完整且具有时效性的，这样策划主体才能对策划客体所处的环境有深入的了解。在信息的收集与处理阶段，策划主体必须进行深入且细致的调查，为后续的策划工作打下坚实的基础。

（三）评估信息

信息评估是对信息处理结果进行深入分析和归纳的过程。在这一阶段，策划主体需要从众多信息中筛选出关键信息，并对信息的准确性和可用性进行评估。评估结果将成为后续策划工作的决策依据。

（四）挖掘创意

创意是策划的核心。在这一阶段，策划主体需要在目的的驱动下，在对所有信息进行深度加工的基础上，通过大胆设想和精心谋划，不断挖掘好的创意。出色的创意表达是策划创意形成的重要标志。

（五）制订策划方案

策划创意形成后，策划工作就进入了制订策划方案这一阶段。在这一阶段，策划主体需要运用自己的智慧和经验，拟写一个或者多个策划方案，再对策划方案进行评估，从而确定最终的策划方案。策划方案的内容通常涉及条件分析、环境分析、策划主题、策划思路、策划目标、预算规划、效果评估等内容。策划主体如果制订了两个或两个以上的策划方案，就需要通过筛选和评估来确定最终采用哪种策划方案。为了保证策划方案具有可行性，策划方案中的策划目标应具有层次性和可量化性，策划方案所涉及的工作流程应具有可操作性。

（六）完善策划方案

策划方案制订完成并不意味着策划方案就一成不变了。策划方案决定着策划工作的方向，如果策划方案中的某一个细节出现了问题，整体策划效果就有可能受到影响。因此，策划方案制订完成之后，策划主体需要邀请相关领域的专家、学者对策划方案的合理性进行评估，不断完善策划方案，通过集思广益使策划方案更具科学性。

（七）实施策划方案

如果策划方案的执行者是策划者本人，那么策划方案的执行工作通常能够得到较好的落实，策划方案中的理念和思想也能够在工作中得到贯彻。如果策划者不是执行者，那么策划者与执行者就应当加强沟通，并互相反馈信息；执行者如果在执行策划方案的过程中出现新问题、新情况，应当在第一时间让策划者知晓，以便其及时对策划方案进行改进和调整。

（八）效果评估与反馈

效果评估与反馈是策划工作的最后一个阶段。对于策划主体来说，这个阶段的主要任务就是对策划效果进行评估。策划方案执行完毕后，策划主体需要对策划工作进行全面、系统的评价，对工作中的经验和教训进行总结，以提高思想认识水平、理论水平和策划水平。

总的来说，策划的一般程序如图5.1所示。

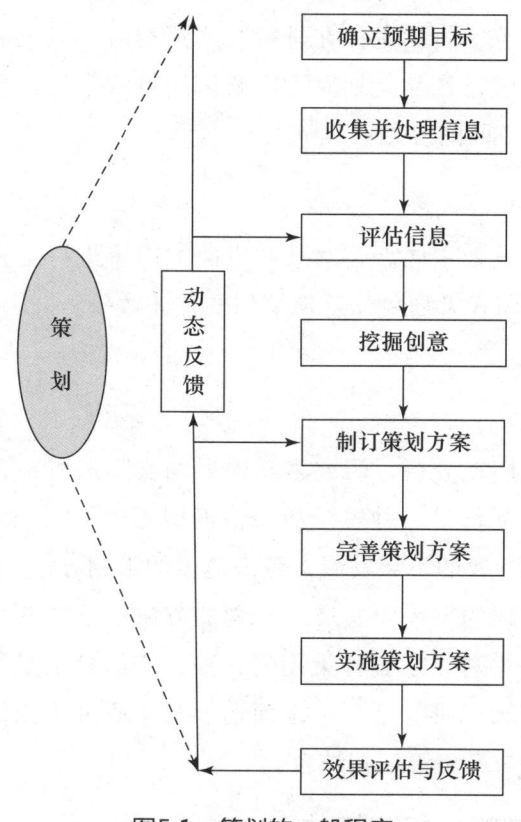

图5.1 策划的一般程序

5.6　策划的类型与方法

一、策划的类型

策划包括点式策划、线式策划和面式策划三种类型。

（一）点式策划

进行点式策划时，策划主体的任务是出点子、出主意，策划主体要解决的问题通常是简单而明确的。点式策划只要求策划主体针对需要解决的问题给出自己的意见。

（二）线式策划

进行线式策划时，策划主体需要对某一方面的内容进行策划，比如产品策划、广告策划、企业形象策划等。策划主体在进行线式策划时一般也需要采用点式策划的方法。例如，策划主体在进行产品策划时，需要采用点式策划的方法，给出产品开发、产品改进、产品价格等方面的意见。

（三）面式策划

进行面式策划时，策划主体需要对某一方面的内容进行全方位的总体策划。它与线式策划的区别在于，面式策划更加重视策划的整体效果。

二、策划的方法

所谓方法，是指人们在分析、研究客观世界的实际过程中，为达到某种目的而采取的方式或手段。策划活动是一种思维活动，策划主体不同，策划的方法也会有所不同。随着策划学和策划行业的不断发展，越来越多的策划方法不断涌现。

由于策划活动随实践的发展而发展，策划的方法也不断变化。沈骏、徐云望、赵承宗在《策划学》一书中总结了五种策划的方法，它们分别是科学预测与随机权变相结合、逻辑思维与非逻辑思维相结合、全面运筹与矛盾分析相结合、领导主谋与群策群力相结合、战略策划与策略策划相结合。

（一）科学预测与随机权变相结合

科学预测是指人们用科学的方法分析、研究事物过去和现在的主要情况，从而推测未来的发展趋势。随机权变是指根据事物在发展中产生的变化随机应变地采取相应的对策。

策划具有超前性。它是一种对未来的谋划与设计，立足于全面了解信息的基础之上。策划主体需要对事物未来的发展趋势进行科学预测。策划和科学预测的超前性决定了策划主体需要应对各种不断变化的情况，不断随机应变并寻找对策。科学预测与随机权变相结合能保证不同阶段的策划任务得到落实，从而保证策划工作达到预期效果。

（二）逻辑思维与非逻辑思维相结合

逻辑思维是指人们在逻辑规则的指导下作出判断的思维方式。非逻辑思维是指在思考的过程中综合使用情感、主观经验、直觉等因素的思维方式。策划活动是一种极其复杂的思维活动。要想保证策划的科学性，就需要策划主体运用逻辑思维思考问题。策划还具有创意性，这就需要策划主体充分发挥主观能动性，大胆设想，打破逻辑思维的束缚，运用非逻辑思维。

（三）全面运筹与矛盾分析相结合

全面运筹是指在解决问题的过程中全面考虑各个方面，做到统筹兼顾。矛盾分析是指运用矛盾的观点观察、分析事物内部的各个方面，在不同情况下做到具体问题具体分析。

策划是一个系统工程，需要策划主体运用全面运筹的方法对所有工作进行全面、统一的安排。但是策划工作的每个阶段的矛盾都是不一样的，策划主体必须根据具体情况分析问题、解决问题。各个环节的矛盾都得到解决之后，策划工作才能够顺利开展。

（四）领导主谋与群策群力相结合

大型策划的策划主体通常是一个团队，会有很多人参与策划方案的编写，负责各个环节的具体工作。在这样的情况下，就需要有一位领导者来进行指导、组织和协调，对各个方面的具体工作进行统筹安排。当然，领导者个人并不能独立完成所有策划工作，这就需要参与策划的每一个人提出各自的想法和建议，群策群力，共同完成策划工作。领导主谋与群策群力相结合为策划工作的有序开展提供了保障。

（五）战略策划与策略策划相结合

战略策划注重全局性的战略统筹和整体谋划。策略策划是指为实现战略任务和目标而开展的具体的策划工作。战略策划为策划工作提供了长远的发展方向和目标，而策略策划为策划工作提供了实现目标的具体手段和方法。由此可见，战略策划和策略策划是两个相辅相成的概念，二者是不可分割的。想要实现战略策划与策略策划相结合，就需要策划主体从大处着眼，从小处入手，兼顾整体和局部。

章前案例分析

策划是推动项目成功、提升组织竞争力的关键所在。在未来，随着市场环境的不断变化和竞争的日益激烈，策划的重要性将愈发凸显。策划者应当具备敏锐的市场洞察力，准确捕捉市场趋势和消费者需求。策划者还需要拥有强大的创新思维和执行力，将创意转化为切实可行的方案，并在实施的过程中不断对方案进行优化和调整。因此，策划者需要不断学习新的策划理念和方法，不断提升自身的策划能力，以应对各种挑战。

本章小结

本章主要阐述了策划的含义、基本特征和重要意义，系统地介绍了策划的基本要素、基本原则和一般程序。此外，本章还介绍了策划的类型与方法。

复习思考题

一、名词解释

策划

二、简述题

1. 策划的基本特征包括哪几个方面？
2. 策划的基本要素有哪些？
3. 策划的基本原则有哪些？

三、论述题

请详细说明策划的一般程序。

四、案例分析

请根据以下信息，结合桂山岛的旅游资源和特色，为"白豚之蕴"历史文化区、"白豚之景"观景台、"白豚之声"海豚音云体验区、"白豚之家"海底世界、"白豚之礼"文创产品小屋、"白豚之影"VR主题乐园、"白豚之行"摄影展示区中的一个功能区进行规划，并撰写一篇800字左右的策划方案。

桂山岛是珠海市著名的旅游海岛，但目前桂山岛海岛旅游产品的开发尚处于初级阶段，主要的旅游模式还是以海滩戏水、出海捕鱼、登山观石、品尝海鲜为主。传统的旅游产品缺乏新意和品牌特色，在挖掘地方文化、突出海岛特色等方面有待改进。

为了进一步丰富该地的旅游资源，相关策划人员计划在此地启动桂山岛白豚栈道项目。项目的基础情况如下。

（一）基本情况

栈道的外形像一只白豚。栈道主体位于岛上陆地，栈道沿山体蜿蜒起伏，连接一个个体验站点。栈道的一部分位于海上，游客可以近距离接触海洋，领略海上美景。

整个栈道设有"白豚之蕴"历史文化区、"白豚之景"观景台、"白豚之声"海豚音云体验区、"白豚之家"海底世界、"白豚之礼"文创产品小屋、"白豚之影"VR主题乐园、"白豚之行"摄影展示区。

（二）客源群体

桂山岛白豚栈道的客户群包括国内游客和海外游客，大部分游客是广东省内的游客。广州、深圳、东莞、珠海等城市是重要的客源地。广东省外游客主要来自北京、上海等一线城市。

（三）项目愿景

1. 坚持"保护为主、适度开发"的原则，在不破坏桂山岛生态环境的基础上做好资源与能源开发的合理规划，对沿海栈道进行适度开发。

2. 围绕"海洋文化"这一主题进行策划，利用桂山岛的核心资源，打造去同质化的特色旅游产品。

3. 加强创新，增强游客参与性，突出科技感。

第六章

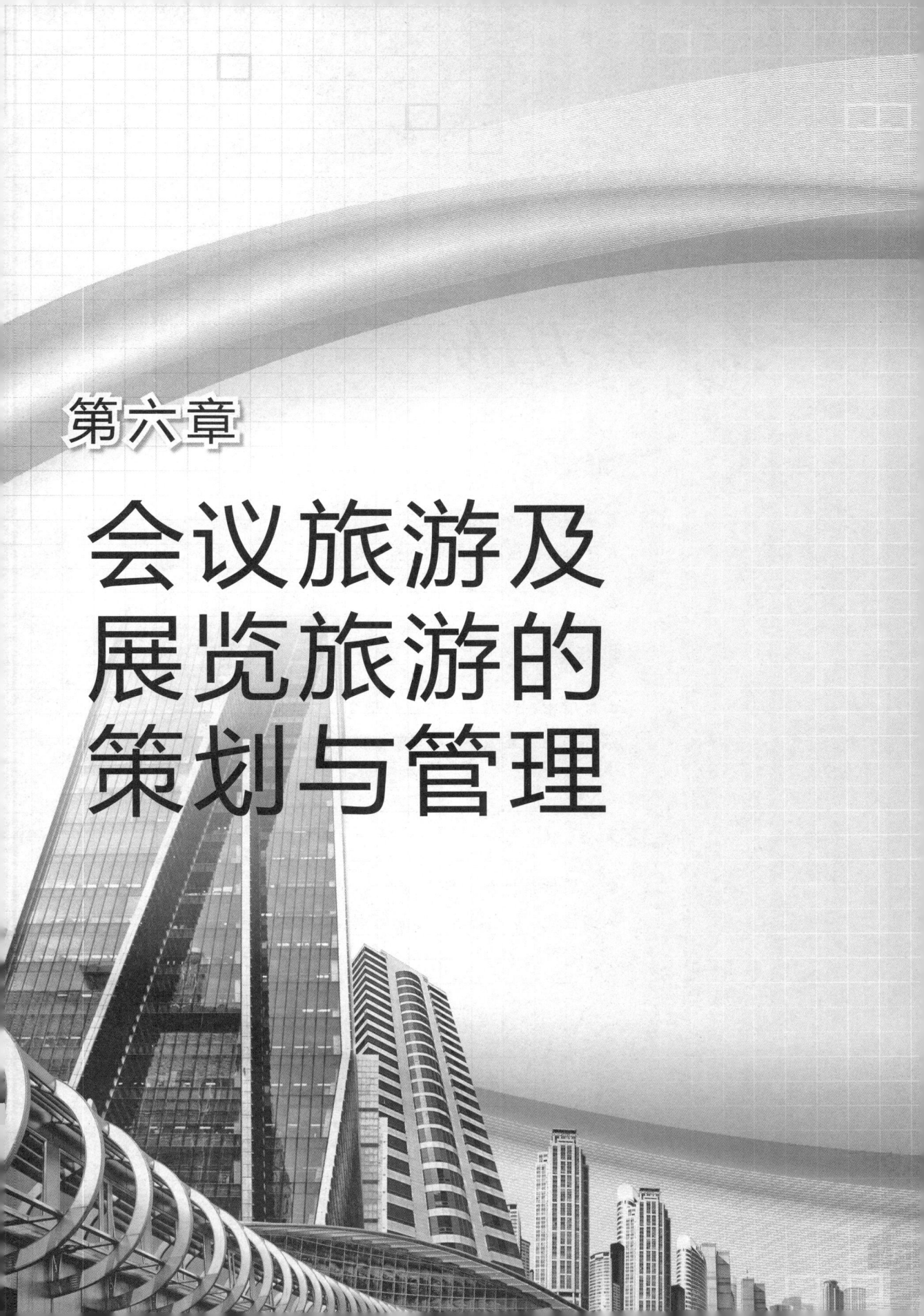

会议旅游及展览旅游的策划与管理

学习目标

知识目标

- 掌握会议旅游和展览旅游的策划原则;
- 了解会议旅游和展览旅游的策划流程。

技能目标

- 能够根据策划流程完成小型会议或展览旅游活动的策划工作,并撰写策划方案。

关 键 词

- 会议旅游策划、展览旅游策划、服务管理、人员管理、危机管理、质量管理

案例导入

上海国际汽车工业展览会与上海城市旅游的有机融合

上海国际汽车工业展览会（简称"上海车展"）作为中国乃至亚洲地区最具规模和影响力的汽车展览会，每年都吸引着全球数百家汽车制造商和供应商参展。这里不仅是展示新技术、新产品的舞台，更是人们交流与合作的重要平台。展会的专业性和影响力为上海旅游业的发展带来了前所未有的机遇。

在展会策划阶段，主办方就将展会与城市旅游相融合。主办方与上海市文化和旅游局紧密合作，共同制订展会期间的旅游推广计划。双方通过资源整合共同打造了一系列丰富多彩的活动。

主办方在进行宣传推广时不仅仅将宣传重点局限于展会本身，而是将展会与上海的城市旅游紧密结合。主办方通过线上、线下相结合的方式，广泛宣传上海车展及上海的城市旅游资源，利用社交媒体、官方网站等渠道发布展会信息和旅游攻略，并在展会现场设置旅游咨询服务台，为参展商和观众提供旅游线路推荐服务和旅游产品预订服务。这种全方位的宣传推广有效提升了上海车展的知名度和上海城市旅游的吸引力。

为了确保参展商和观众在展会期间获得更好的体验，主办方与上海各大酒店、旅行社合作，为参展商和观众提供优惠的旅游套餐。同时，上海的交通运输部门在展会期间十分重视公共交通服务，通过全面升级交通服务确保参展商和观众的出行便利。这些贴心的旅游配套服务不仅提升了展会的服务质量，也促进了上海旅游业的发展。

6.1 会议旅游与展览旅游的策划

一、会议旅游与展览旅游的共同特征

尽管展览和会议是两个不同的概念，但当这两个概念与旅游这项活动联系在一起

时，人们往往习惯于将会议旅游和展览旅游一并进行讨论。总而言之，会议旅游与展览旅游具有不少的共同特征。两者的共同特征主要表现为以下几个方面。

（一）团队规模大

大型会议和展览活动的参加人数通常较多，因此，会议旅游与展览旅游的团队规模都比较大。一般来说，在那些备受瞩目、拥有良好发展前景的国家或地区举办的会议和展览活动，以及历史悠久、特色鲜明、知名度较高的会议和展览活动，能够吸引大量参与者。

（二）带动作用明显

会议旅游和展览旅游具有强大的拉动效应，交通业、住宿业、餐饮业、金融业、房地产业等行业的发展都会受到二者的影响。举办会议和展览活动能够推动举办地的可持续发展，完善举办地的基础设施建设。因此，发展会议旅游和展览旅游有助于促进举办地产业结构的调整和优化，推动第三产业和高新技术产业的蓬勃发展，带动举办地周边城市的发展。

（三）经济效益高

会议和展览活动的举办为人们提供了交流和交易的平台，有助于促进商品的销售。由会议和展览活动带来的间接经济效益有时比其带来的直接经济效益更高，因为会议旅游和展览旅游的发展有助于带动其他相关产业的发展。

（四）参与者消费层次高

会议旅游、展览旅游参与者的职位通常较高，他们的收入水平也较高，所以他们的消费能力强，并且注重消费品质，对价格的敏感度较低。

（五）主题突出

会议旅游和展览旅游是围绕特定的会议或展览活动开展起来的。这些活动本身就具有明确的主题和目标，如学术会议旨在交流学术研究成果，商业展览旨在展示和推广产品或服务。因此，会议旅游和展览旅游的相关活动通常主题突出，针对性较强。

二、会议旅游和展览旅游的策划原则

对会议旅游和展览旅游进行策划是组织会议旅游和展览旅游的第一步，是确保整个旅游活动顺利进行的基础。只有对旅游活动进行精心的策划，旅游活动的开展才能达到预期的效果。在策划会议旅游和展览旅游时，策划者应当思考如何使游客在旅行中获得满足感，游客可通过何种方式了解当地的文化风俗、欣赏当地的优美风景，并在旅途中增长见识。策划者还需要思考，如何帮助当地政府或主办方宣传当地特色资源，展现当地区位优势，从而吸引投资，促进当地经济的发展。

在对会议旅游和展览旅游进行策划时，策划者应当遵循以下几项原则。

（一）保证各方利益原则

在对会议旅游和展览旅游进行策划时，策划者需要确保利益相关方的有效交流，使各方的需求得到满足。例如，策划者应当确保主办方能够提供专业的服务，并获得经济效益；确保游客的各项需求得到满足，使其能够享受旅游带来的乐趣。

（二）可实施原则

会议旅游和展览旅游的策划者必须遵循可实施性原则，从实际情况出发，制订具有可行性的策划方案，实现经济效益和社会效益的统一。策划方案的内容和策划的活动形式既要有吸引力，又要切实可行，不能脱离实际。此外，策划方案的实施途径也必须具有可行性。

（三）实事求是原则

策划者应对策划对象的实际情况进行调查，并基于相关数据对策划工作进行全面分析。在策划工作中，策划者应在资料的收集、整理、分析等环节保证相关信息的准确性和时效性。无论是市场调研、竞争对手分析，还是消费者行为研究，策划者都必须通过可靠的渠道获取准确的信息，并进行严格的论证，以避免因信息错误而导致决策失误。

（四）合法原则

策划者不仅要确保各方的需求得以满足，还要在开展策划工作的过程中遵守国家的相关法律法规。策划者在策划阶段就应当细致研究法律的相关要求，综合考虑多方面因素，确保所有活动都在法律框架内进行。

（五）市场导向原则

在策划旅游活动时，策划者必须准确把握市场需求。策划者不仅要依据当前市场的实际需求设计活动内容，还要在深入调查市场需求及其发展趋势的基础上开发出具有前瞻性的旅游产品。策划者应着重从两个方面入手：一方面，策划者要注重营造声势，充分利用各类宣传手段，扩大旅游产品或旅游项目的市场影响力；另一方面，策划者要提供专业化的策划方案，以赢得各方的支持和信任。

三、会议旅游和展览旅游的策划内容

会议旅游和展览旅游的策划内容主要包括以下几个方面。

(一)项目名称

策划者应当依据旅游活动的目的或意义来确定项目名称,或根据会议或展览的主题和举办地来确定项目名称。项目名称要能够准确反映会议旅游或展览旅游的活动内容,凸显其特色和核心吸引力,以便于人们清楚地了解旅游活动的内容、目的及特色。

同时,项目名称还应具有一定的创意和吸引力,能够激发潜在参与者的兴趣和好奇心,促使他们更加积极地参与和关注相关旅游活动。项目的名称应当简洁明了,避免使用晦涩或容易产生歧义的词语,确保名称易于传播和记忆。

此外,项目名称还应与会议或展览的品牌形象保持一致,这样做有助于提升会议或展览的整体品牌形象和市场认知度。如果有可能,策划者还可以考虑将地域文化特色融入项目名称中。

(二)活动主题

在策划会议旅游和展览旅游的过程中,确定活动主题是一项重要的工作。策划者必须明确旅游活动的主题,这是确保策划工作顺利开展的基础。策划者只有明确了主题,才能紧紧围绕这一主题开展策划工作。

明确主题有助于策划者更好地把握活动的核心价值和精神内涵,从而设计出符合主题特色的活动内容和形式。例如,如果会议旅游的主题为"科技创新与未来展望",那么策划者可以围绕这一主题设计参观科技产品展览、进行科技互动体验等环节,让游客深入了解科技创新的最新成果。

同时,明确主题还有助于策划者更好地进行市场推广和宣传。一个鲜明、有吸引力的主题能够吸引更多潜在参与者的关注,提高活动的知名度和影响力。

(三)活动内容

与一般游客不同,参加会议旅游或展览旅游的游客往往有自己明确的任务和目标。他们通常会把完成单位的任务作为自己的首要目标。例如,参加展览旅游的游客会在展览场馆内自由参观,了解各厂商的情况,并有针对性地选择本单位所需的产品。游客可以通过参观展览对厂商进行初步筛选,选出自己较为满意的几家厂商,为后续签订合作协议做好准备。如果条件允许,游客还会参观目标厂商的工厂或其所在的工业园区,对厂商的设备、技术、生产水平、管理水平、产品质量、售后服务等方面进行考察,以更为深入地了解这些厂商。这种以生产场景、厂区环境和企业文化为旅游资源的工业旅游为游客带来了全新的旅游体验。工业旅游不同于传统的风光游和民俗游。它不仅能满足游客的观光需求，还能激发游客的好奇心和求知欲。北京燕京啤酒集团拥有悠久的历史和丰富的企业文化。为了更好地展示企业实力和文化，北京燕京啤酒集团不断完善工业旅游设施，为游客提供了一个了解啤酒生产全过程和了解啤酒文化的平台。游客可以在导游的带领下了解啤酒的酿造过程，亲眼见证一瓶瓶啤酒的诞生。

会议旅游和展览旅游通常还包括游览城市景点、购物等活动。游客往往会选择前往展览场馆、会议场馆所在城市的市内景点。近年来，以都市风光、都市文化和都市商业为主要内容的都市旅游越来越受到游客的欢迎。

（四）宣传推广

会议旅游和展览旅游的宣传推广是一项综合性强、涉及面广的工作，需要策划者采取多种策略，以确保宣传效果。

第一，策划者要制定明确的宣传推广目标。这就需要策划者确定宣传的主题、目标受众、预期效果等。在此基础上，策划者可以设计具有吸引力的宣传口号和形象标识，以加深受众对旅游项目的印象。

第二，策划者要充分利用媒体资源，借助电视、广播、报纸等传统媒体，以及社交媒体、专业旅游网站等进行宣传推广。策划者也可以通过发布新闻稿、开展在线直播等形式，全方位、多角度地展示旅游项目的魅力。

第三，与行业协会、专业机构建立合作关系也是宣传推广的重要途径。策划者可以借助行业协会、专业机构等平台的资源和影响力来提升旅游项目的知名度和美誉度。

第四，策划者要注重宣传推广的持续性和效果评估，以便及时调整和优化宣传推广策略。

（五）维护公共关系

会议旅游和展览旅游的策划者在维护公共关系时需要采取一系列的措施，以确保与各利益相关方有良好的互动和合作。

第一，策划者要注重与政府部门、行业协会及专业机构的沟通与协作。这些部门、协会和机构在推动会议旅游、展览旅游的发展等方面起着重要的作用，与它们保持良好的沟通与协作有助于策划者获取政策支持和行业资源。

第二，与媒体建立稳定的关系是至关重要的。媒体是传播信息的重要渠道。因此，策划者需要定期与媒体进行沟通，提供有价值的信息和素材，以展现旅游项目的独特魅力和亮点。

第三，客户关系的维护同样不可忽视。提高利益相关方的满意度是旅游活动顺利开展的关键。因此，策划者要致力于为客户提供优质服务和个性化服务，以满足他们的需求和期望。策划者可以通过定期收集客户反馈、改进服务质量、提供定制化方案等方式，增强客户的满意度，进而促进业务的拓展。

第四，策划者要注重危机管理和应对。为了预防突发事件的发生，策划者需要建立完善的危机管理机制并制订应急预案，以便在突发事件发生后妥善处理相关问题，最大限度地减少突发事件对公共关系的负面影响。

四、会议旅游和展览旅游的策划流程

一般来说，会议旅游和展览旅游的策划流程如下。

（一）组建专业策划团队

一般来说，专业策划团队负责旅游活动的策划工作。专业策划团队的成员可以是展览或会议的主办方、承办方的工作人员，也可以是专业策划公司的工作人员。在着手进行会议旅游或展览旅游的策划之前，组建一个专业策划团队是十分重要的。

专业策划团队应做到以下几个方面。

① 加强对策划过程的控制，精准把控策划流程。

② 重视市场调查与研究，对市场进行全面而深入的分析，准确判断市场竞争态势，了解市场及消费者心理的变化趋势，从而提升策划的有效性，为后续的策划工作打下坚实的基础。

③ 培养团队的协作能力，提升团队成员的职业素养、策划水平，从而提升策划团队的整体实力。

④ 充分利用现代科技手段进行策划与市场调研，充分收集资料，为策划工作提供有力的支持。

⑤ 形成清晰、合理的组织架构，明确团队成员的具体分工，确保每个团队成员都能充分发挥作用，共同推动策划工作的顺利进行。

（二）收集信息

一般而言，会议旅游和展览旅游的策划者在策划过程中需要广泛收集以下几类关键信息。

1. 活动组织者信息

此类信息主要与活动组织者的性质、规模、实力、形象以及其在会议旅游领域和展览旅游领域的过往经验有关。通过对活动组织者信息进行深入分析，策划者能够明确旅游项目所具备的优势，识别潜在风险与威胁，从而在策划过程中扬长避短，确立明确的目标，并有针对性地开展工作。

2. 供需信息

会议旅游和展览旅游的策划者需要在策划过程中收集供需信息，如参展商数量、观展者数量。收集此类信息有助于策划者对会议旅游和展览旅游领域的供给情况和需求情况进行细致的分析。

3. 社会背景信息

社会背景信息主要与市场动态、政府政策导向、合作伙伴情况、传播媒介资源等内容有关。对策划者而言，了解社会背景信息是至关重要的，但其经常被忽视。

（三）资源评价

策划者可借助专家打分模型和专家知识模型进行资源评价。策划者可根据实际需求选择其中一种模型或同时使用两种模型，并自主设定评价内容及评价指标，以适应不同的评价对象。

策划者可以借助专家打分模型对资源进行量化评价。策划者可灵活选择评价指标并自主设定指标权重，从而制定详细的评分细则。策划者需要邀请多位专家进行独立打分，以确保评价的客观性和准确性。

在进行资源评价的过程中，策划者可以借助专家知识模型，对各类资源的可用性、资源的质量、成本效益及潜在风险进行全面而深入的评估。专家需要利用自己的专业知识进行判断和分析，并提供具有专业性和针对性的意见和建议。

（四）市场分析

市场分析能够帮助策划者全面了解市场的总体情况。在进行市场分析的过程中，策划者需要细分市场结构，评估当前市场的状况，预测市场活动，并综合考虑市场动态及市场供求关系。

市场分析的工作内容主要包括以下两个方面。

1. 总体市场分析

总体市场分析是对市场环境的综合性分析，分析对象涵盖了经营状况、总体市场规模、用户需求现状等多个方面。进行总体市场分析的目的是全面把握市场的整体发展状况，了解行业市场化进程与地区市场化进程的实际情况，从而精准获取信息，为策划工作提供科学依据。

2. 市场细分

"市场细分"这一概念由美国市场学家温德尔·史密斯于20世纪50年代中期提出。市场细分是指根据消费者的欲望与需求，将庞大的总体市场按照一定的标准划分为若干个子市场的过程。同一细分市场的消费者的需求高度相似，而不同细分市场的消费者的需求则存在显著差异。进行市场细分的主要目的是深入了解消费者的需求。进行市场细分有助于策划者针对不同消费者群体设计独特的产品，并实现利益最大化。同时，进行市场细分也有助于策划者深入了解潜在的市场需求，不断开发新产品，开拓新市场。

（五）明确项目定位

策划者需要明确项目定位，为会议旅游或展览旅游制定总体战略目标，以打造其核心竞争力。

明确项目定位的具体原则如下。

① 从消费者的角度进行项目定位，而不是从生产者或销售者的角度进行项目定位。

② 针对特定目标市场而非整个市场。

③ 充分考虑市场潜力和市场风险。

④ 考虑旅游项目的区位特点，充分利用区位优势。

⑤ 重视产品的差异化和品牌形象的塑造。

（六）撰写策划方案

在完成上述工作之后，策划者需要专门针对某个会议旅游项目或展览旅游项目撰写详细的策划方案。策划方案是整个策划工作的最终成果。

策划者在撰写策划方案时应关注以下几个方面。

① 策划者需要注重内容的完整性和条理性，确保形式的规范化。

② 策划方案的内容应清晰明了、逻辑严密。

③ 策划方案应先概述策划背景，再从宏观到微观层层递进。

④ 策划方案要突出重点，既要体现策划的主干部分（如活动的总体构想和核心环节），又要体现枝干部分（如关键依据和实施手段）。策划方案应详细说明主干部分，简要说明枝干部分。

⑤ 策划者应确保执行者在阅读策划方案后能明确工作内容并有序地开展工作。

会议旅游和展览旅游的策划方案通常包含策划团队成员名单、策划背景、策划目的、策划目标、策划环境分析、需要解决的问题、主要任务、预算安排、日程规划等内容。

值得注意的是，每个旅游项目都各具特色。因此，策划者在撰写策划方案时，需要做到具体情况具体分析，充分展现不同旅游项目的独特之处。

6.2 会议旅游与展览旅游的管理

会议旅游和展览旅游的管理涵盖多个方面，如餐饮管理、住宿管理、交通管理、游览活动与娱乐活动管理、导游管理、危机管理、经济效益评估与质量管理评估等。

一、餐饮管理

（一）相关准备工作

餐饮管理的相关准备工作包括以下几项。

① 统计参加会议旅游或展览旅游的游客人数。

② 了解游客的基本情况，如国籍、宗教信仰、职业、年龄和性别等。

③ 了解旅游目的地的餐饮情况及当地有关餐饮的法律法规和政策。例如，在某些地区，人们能够在任何时间饮酒，而在一些地区，人们在周日不被允许饮酒；有些地区规定，从事食品加工的人员在通过体检并获得合格证明后方能上岗。

（二）餐饮管理要求

工作人员在开展有关餐饮的工作时要遵守以下要求。

1. 重视安全卫生

对于餐饮管理而言，卫生是至关重要的。只有确保了食品的干净与卫生，游客才能吃得满意、吃得放心。因此，工作人员必须严格遵守有关食品安全的要求和规定，在采购、运输、制作等各个环节都采取切实有效的措施，以保障食品安全。

2. 规格适中

会议旅游、展览旅游与一般的旅游活动有所不同，工作人员通常需要根据预算来确定就餐标准。就餐标准通常由活动举办方确定。工作人员在安排餐饮时应当遵循规格适中的原则，杜绝铺张浪费。

3. 照顾特殊人群

如果游客中存在有特殊餐饮习惯的少数民族群众、外宾或其他有特殊餐饮需求的人群，工作人员应给予特别的关注和照顾，尽可能满足他们的餐饮需求。

（三）餐饮管理的工作程序

工作人员应当按照以下流程完成餐饮管理的相关工作。

1. 制订餐饮工作方案

餐饮工作方案应当涉及以下内容。

① 就餐标准。餐饮工作方案应体现早餐、午餐、晚餐的具体预算。

② 就餐时间。工作人员需要根据旅游活动的日程安排明确就餐时间。

③ 就餐地点。若就餐人数众多，工作人员应多安排几个就餐地点。

④ 就餐形式。餐饮工作方案应明确说明采用分食制还是合餐制。

⑤ 就餐人员就座方式。餐饮工作方案应体现就餐人员在就餐时是自由就座还是按一定编组方式就座。

⑥ 就餐凭证。餐饮工作方案应说明就餐人员是否需要凭证件就餐。如果团队规模较小，就餐人员通常不需要使用就餐凭证。

⑦ 餐饮安全措施。餐饮工作方案应体现确保餐饮安全的具体措施。

2. 选择餐厅

工作人员在选择餐厅时需要考虑以下内容。

① 餐厅容量是否与就餐人员数量相匹配。

② 餐厅的卫生条件是否符合标准。

③ 菜品的品种和质量是否能达到要求。

④ 餐厅是否靠近旅游景点或活动场地。

⑤ 菜品的价格是否合理。

3. 统计就餐人数

准确统计就餐人数是合理安排就餐人员就餐的重要前提。统计人数不准确可能导致浪费或影响部分人员就餐。

工作人员可以根据签到记录统计就餐人数，或通过分组的方式统计就餐人数。

4. 确定菜单

工作人员应重视菜单的确定，并根据实际预算与餐厅商定菜单。在确定菜单前，工作人员需要了解就餐人员的背景，如来源地、宗教信仰等，以满足各类就餐人员的就餐需求。

部分就餐人员在饮食方面有特殊的习惯。例如，一些就餐人员是素食者，一些就餐人员对某些食物（如牛奶、海鲜）过敏。工作人员必须为特殊人群设计特殊的菜单。

在条件允许的情况下，工作人员可以选择一些具有地方特色的菜品，这样可以让就餐人员更好地了解当地的饮食文化。

5. 餐前检查

工作人员应在就餐人员就餐前对餐品质量、份数、卫生状况等进行检查，若发现问题，应及时改正或调整。

6. 提供用餐服务

用餐服务通常涉及以下几项内容。

① 餐桌布置。不同的餐厅会选用不同的餐桌饰品，包括餐巾、桌布、花卉等。

② 座位安排。就餐人员通常可采用自由入座的方式。工作人员若需要保留座位，应提前告知就餐人员和餐厅的服务人员。

③ 收取餐券。若就餐人员需要凭餐券就餐，工作人员应事先和服务人员协商好收取方式，避免现场出现混乱。服务人员可在就餐者入座前收取餐券。

④ 提供餐食。组织会议旅游或展览旅游时，就餐形式多为自助餐或半自助餐。若安排的是自助餐，就餐人员需要到餐台自取食物；若安排的是半自助餐，部分食物由就餐人员自取，部分食物由服务人员提供。

⑤ 环境布置。若就餐人数众多，工作人员需要考虑室内通风、灯光照明等问题。

7. 收集餐后反馈意见

就餐结束后，工作人员应听取就餐人员对菜品质量及餐厅服务的意见，以便改进工作。

二、住宿管理

（一）安排住宿的具体要求

安排住宿的要求具体如下。

① 住处应相对集中，这样安排便于工作人员管理，同时也便于游客在休息时相互沟通和交流。

② 住宿地点应距离旅游景点较近。一般而言，会议旅游和展览旅游以短途旅行为主，旅行时间较短。在这种情况下，工作人员应考虑住宿地点与旅游景点的距离。

③ 住宿设施完备，游客的安全能够得到保证。游客入住的宾馆除应提供基本的生活设施，还应配备相应的安全设施，并安排专门的安保人员，以确保游客的安全。

④ 合理分配房间，重点考虑特殊人群。一般来说，职务和身份相同的游客的住房标准应当相同，以避免游客产生误解。例如，如果参加会议的各代表团所住宾馆的条件相差悬殊，部分游客可能会感到不满。

⑤ 规格适中，倡导节约。在旅游活动费用中，住宿费用往往占据较高的比重。因此，工作人员应根据活动的实际需求来确定住宿标准，避免盲目选择档次较高的豪华宾馆。如果游客愿意自行承担豪华宾馆的住宿费用，工作人员则需要另作考虑。

（二）安排住宿的原则

安排住宿的原则主要包括以下几点。

1. 个性化原则

在当今这个强调个性的时代，越来越多的人希望通过各种方式展现自己的独特之处，旅游市场对于个性化服务的需求也愈发凸显，人们希望在旅行中获得更贴合自己需求与喜好的体验。工作人员可以根据不同的标准将游客划分为多个层次。根据游客的身份划分，游客可分为贵宾（如政府和国际组织的领导人、跨国公司企业家、企业管理者等）和一般客人（如中小企业的职工）。根据活动范围划分，游客可分为参会客人、参展客人等。根据性别划分，游客可分为男性客人和女性客人。工作人员还可以根据游客的习惯、爱好进行更为细致的划分。很多游客都具有鲜明的个性，工作人员应根据不同类型游客的特点安排住宿，为层次不同、性别不同、爱好不同、年龄不同的游客提供多样化的服务，从而满足游客的个性化需求。

2. 工作便利性原则

工作人员在安排住宿时应遵循工作便利性原则。参加会议旅游和展览旅游的游客不同于一般的游客，他们旅行的主要目的之一是完成工作任务。他们通常需要在宾馆内办公、准备会议发言、起草或修改文件。因此，宾馆的相关设施应满足游客的办公需求，如办公桌要大、灯光要充足、文具用品和现代化办公设施（如电脑、传真机、打印机等）要完备。目前，国内外的许多宾馆在这方面做得十分出色。

3. 环保性原则

自20世纪90年代以来，世界已迈入环保时代，一场以"保护环境、崇尚自然"为宗旨的绿色革命迅速席卷全球。环保时代的到来对旅游业和住宿业提出了新的要求。随着消费者环保意识的提高，越来越多的消费者在选择住宿时会考虑环保因素。因此，工作人员在安排住宿时应注重环保，从而提升游客的满意度。

（三）住宿管理的工作程序

工作人员应当按照以下流程完成住宿管理的相关工作。

1. 制订住宿工作方案

在筹备大型会议旅游活动或展览旅游活动时，工作人员需要制订住宿工作方案。该方案应涵盖宾馆地点、住宿规格、费用标准、房间分配原则等内容。在一些情况下，工作人员可以同时制订餐饮工作方案和住宿工作方案，以便更好地协调相关工作。

2. 统计住宿人数、确定房间数量

工作人员在统计住宿人数时应考虑到所有需要住宿的人员。例如，如果开展的是会议旅游活动，住宿人员应当包括与会者、与会者的随行人员、记者、会务人员等。工作人员可以根据报名表初步统计大致的住宿人数，并据此估计需要预订的房间数量；所有人员到达宾馆后，工作人员可根据实际报到人数确定最终的住宿人数和需要的房间数量。

3. 了解游客情况

在安排住宿之前，工作人员需要仔细了解游客的基本情况，如性别、年龄、职务、职称、住宿要求等。在安排住宿时，工作人员应适当照顾女性、年长者和职务较高者。工作人员如果需要将两人安排在同一间房间，应尽量将关系密切的游客安排在一起并征得游客的同意。此外，工作人员可以将与会者和随行人员安排在相邻的房间，以便于他们开展工作。

4. 预订会客厅或会议室

在一些情况下，工作人员还需要帮助游客预订会客厅或会议室。例如，会务人员有时需要在宾馆设立临时办公室，与会者有时也需要在宾馆会见客人，因此，工作人员应事先预订若干会客厅；如果部分会议在宾馆内举行，工作人员还应预订大小适中的会议室。

5. 确定宾馆、预订房间

在确定宾馆、预订房间时，工作人员需要考虑以下几点。

① 宾馆的房间数量能否满足游客的住宿需求。一些大型会议和展览的参与人数较多。如果住宿人数较多，一家宾馆无法容纳所有人，工作人员应提前联系多家宾馆，并确保各个宾馆之间的距离不要太远，以便于管理。

② 房间布局是否集中。房间过于分散往往不利于工作人员进行管理。

③ 房间内的各项设施是否齐全、完好。

④ 房间的价格是否合理。

工作人员需要注意的是，在预订房间时应当留有余地，以便遇到特殊情况时可以随时调整。

6. 分发房卡

游客到达宾馆后，工作人员应与宾馆的服务人员共同完成房卡的分发工作。

三、交通管理

交通在会议旅游和展览旅游中扮演着至关重要的角色，参加展览、参加会议、进行休闲旅游都离不开交通工具。因此，工作人员需要尽可能全面、细致、周到地安排好与交通相关的工作。

（一）开展交通管理工作的原则

开展交通管理工作的原则主要包括以下几点。

1. 安全原则

安全是人类的基本需求之一。旅途中不可预测的因素常常让人们对旅途中的交通安全问题格外关注。尽管现代交通工具的安全性在不断提升，交通事故的发生频率也在逐渐降低，但交通事故仍时有发生。因此，工作人员应在工作中重视交通安全，深刻认识到安全工作的重要性，确保游客的出行安全。

2. 快捷原则

一般来说，旅游的时间都是有限的。在有限的时间里，游客希望能尽快到达目的地，以便游览更多的景点，乘兴而来，尽兴而归。可以说，交通状况和交通工具的选择在很大程度上影响着旅行效率。因此，工作人员应当在制订方案时充分考虑到交通的便利性，尽可能让游客在最短的时间内到达目的地。这就需要工作人员遵循以下两个原则。

（1）直达原则

一般来说，游客都希望能够快速到达目的地，所以工作人员应当尽量设计能够直达目的地的路线，避免频繁更换交通工具，因为这会使游客的交通费用和出行时间增加，并使游客感到疲惫。设计直达目的地的路线不仅可以更好地保障游客的财产安全和人身安全，还能让游客获得更好的旅行体验。

（2）省时原则

工作人员应尽量减少游客在交通上花费的时间。在现代旅游中，游客往往倾向于选择耗时较少的交通工具。高效、便捷的交通服务已经成为吸引游客的重要因素之一。因此，工作人员需要不断优化出行路线，提升交通工具的运行效率，减少不必要的等待时间和中转时间。

3. 舒适原则

游客都希望获得轻松、舒适的旅行体验，充分享受旅游所带来的乐趣。旅途中的舒适程度是很多游客非常重视的。因此，工作人员要重视交通工具的内部环境。

游客一旦乘坐上交通工具，旅程便已开启。在旅途中，让游客在乘坐交通工具时感到舒适是至关重要的，噪声、颠簸、空气浑浊、空间狭窄、座位不适、卫生条件差等问题都会使游客感到不适，进而影响游客的旅行体验。如今，许多交通工具都配备了视听设备，并为游客提供报纸和杂志。

人性化的交通服务也有助于提升游客的满意度。工作人员应当努力为游客提供优质的交通服务，让游客有宾至如归的感觉，使游客感到放松和愉悦，让游客的心情更加舒畅。

（二）开展交通管理工作需要注意的问题

旅游与交通之间存在着紧密的联系。随着旅游业的蓬勃发展和旅游人数的持续增长，旅游业与交通运输业的关系也变得愈发紧密。目前，工作人员在开展交通管理工作的过程中需要注意以下几类问题。

1. 交通拥堵问题

大城市极易出现严重的交通拥堵问题。交通拥堵意味着时间的浪费，如果游客在旅途中遇到交通拥堵，游客的旅行体验将受到严重影响。此外，在旅游高峰期，交通拥堵问题往往会更加突出。

2. 交通安全问题

工作人员应当重视交通安全问题,这是确保旅游活动顺利进行的基础。交通安全问题关乎游客的个人安危,因此,工作人员应将保障游客的安全视为首要职责。

工作人员必须重视上述问题,避免给游客带来不好的旅行体验。

四、游览活动与娱乐活动管理

(一)游览活动管理

工作人员在进行游览活动管理时应考虑以下几个方面。

1. 考察旅游景点的接待能力

工作人员要考察各旅游景点是否具有足够的接待能力。有些旅游景点与旅游活动的主题十分匹配,但是如果旅游景点的接待能力有限,工作人员就需要更换旅游景点或改变游览方式,如让游客分批进行游览。

2. 了解旅游景点的要求

当游客中有外国人时,工作人员要考虑旅游景点是否适合外国人参观、游览,旅游景点在这方面是否有相应的限制或要求。在一些情况下,外国游客参加某些旅游项目前需要经有关部门批准。工作人员要事先了解有关规定。如果有外国游客希望参加某些不适合外国游客参加的旅游项目,工作人员应向外国游客耐心地解释,并告知其无法安排。

3. 了解游客的兴趣

工作人员在设计旅游活动、安排游览路线时要提前了解游客的兴趣和要求,尽可能安排大部分游客都感兴趣的旅游活动。如果游客对旅游活动兴趣不大,那么工作人员就要及时进行调整。

4. 合理安排行程

工作人员应当提前安排好游览线路、旅行日程和时间表,并准确告知游客,让他们事先做好准备。此外,工作人员应避免将行程安排得过于紧凑或过于宽松。

5. 做好交通安排

工作人员应事先了解目的地的公共交通系统,并与当地的租车公司提前取得联系。工作人员应选择信誉良好的服务商,以确保行程的安全。

6. 做好安全防范工作

在游客进行参观游览时，工作人员要提醒游客保护好人身安全和财产安全。在参观实验室、工地时，工作人员应告知游客相关注意事项，提醒游客注意安全。每参观完一处旅游景点，工作人员都要清点一遍人数，以防有人走失。

（二）娱乐活动管理

在旅游过程中，游览活动与娱乐活动往往关系密切。组织会议旅游活动和展览旅游活动时，常见的娱乐活动包括文艺表演、晚会等。工作人员在策划娱乐活动时，通常需要综合考虑以下几个问题。

1. 是否安排娱乐活动

在考虑是否安排娱乐活动时，工作人员应当细致分析娱乐活动与会议目的、展览目的及主办方形象的契合度。如果缺乏周密的规划，娱乐活动就会缺乏吸引力。例如，如果开展的是营利性展览活动，组织高质量的娱乐活动能够吸引更多参与者；如果开展的是非营利性展览活动，工作人员要依据展览目的、主办方意愿及资金状况判断是否安排娱乐活动。

2. 预算中是否包含娱乐活动的经费

娱乐活动的成本属于活动总预算的一部分。在策划娱乐活动前，工作人员必须对娱乐活动的成本进行预估。娱乐活动的预算包括但不限于表演者的报酬、场地和音响设备的租赁费用、道具和服装的租赁费用等。

3. 安排何种类型的娱乐活动

娱乐活动的类型应与会议主题或展览主题相契合，以确保整个活动的协调性。在安排娱乐活动时，工作人员需要深入分析会议或展览的核心主题和目标受众，从而策划出既能体现主题特色，又能满足游客需求的娱乐活动。

4. 娱乐活动的时长

娱乐活动的时长与娱乐活动的类型有关。在确定娱乐活动的时长时，工作人员需要考虑游客的参与度。长时间的娱乐活动可能会让游客感到疲惫，而时间过短的娱乐活动则可能无法充分展现其魅力或价值。因此，工作人员需要在保证娱乐活动质量的同时，合理控制其时长，以提高游客的参与度和满意度。

5. 是否将娱乐活动外包给演艺公司

与演艺公司合作可能会增加成本，但相较于自行组织娱乐活动，将娱乐活动的组织工作外包给专业的演艺公司不仅能确保活动质量,还能节省大量的人力、物力。选择信誉良好、专业水平高的演艺公司能够在一定程度上保证娱乐活动的品质。在与演艺公司洽谈时,工作人员应重点了解它们是否具备组织活动的合法权限,是否已获得相关部门的批准。

如果与演艺公司合作,相关负责人应当与其签订正式的演出合同。合同应明确演出的具体内容,包括演出的类型、时长。合同还应详细列出双方的责任和义务。例如,演艺公司应提供必要的演出设备和技术支持。此外,演出的报酬、结算时间和结算方式也应在合同中加以明确。

6. 会议场地或展览场地有哪些可利用的设施

在选择场地时,工作人员应关注会议场地和展览场地中有哪些设施是组织娱乐活动时可以利用的。

五、导游管理

会议旅游和展览旅游不同于一般的团队旅游活动,它们对导游有着比较高的要求。

(一)导游应具备的基本能力

一般来说,组织会议旅游活动和展览旅游活动的导游应当具备以下能力。

1. 独立工作的能力

导游需要在接受任务后独立组织游客进行参观和游览,在出现问题后能够独立处理或解决问题。由此可见,独立工作的能力是导游的必备能力之一。提高导游独立工作的能力有助于确保旅游计划的顺利实施。

2. 组织协调能力

在实际工作中,导游要妥善安排游客的各项活动,做好组织工作。在这一过程中,导游需要与饭店、景区、宾馆的工作人员进行沟通和协调。因此,导游必须具备良好的组织协调能力。

3. 随机应变的能力

在旅行过程中,各种意外情况和突发事件(如人员走失、交通事故等)都可能发生。遇到问题时,导游需要保持冷静、不慌乱,一边安抚游客的情绪,一边协助相关部门处理并解决问题,这就要求导游具备较强的随机应变的能力。

（二）导游管理的工作内容

与组织一般团队旅游活动的导游相比，组织会议旅游活动和展览旅游活动的导游需要有更强的专业性，但他们所提供的服务基本上是相同的。

导游管理主要包括导游服务质量管理和人员管理两个方面。

1. 导游服务质量管理

导游服务质量管理的核心目标是确保导游的服务水平达到既定的标准和要求，以满足游客的需求。这要求管理者建立一套完善的服务质量评估体系，定期对导游的服务质量进行监督和评价。评估指标主要包括导游的专业知识水平、服务态度、应变能力、讲解技巧、沟通协调能力等。同时，管理者还需要建立有效的反馈机制，及时收集游客对导游服务的意见和建议，以便导游不断提升服务质量。

2. 人员管理

对于导游管理工作而言，人员管理的关键在于激发导游的工作积极性和创造力，提升导游的职业素养和专业技能。这要求旅行社或导游管理机构对导游进行专业化的培训。此外，管理者还需要建立合理的激励机制，以鼓励导游不断提升自己的服务水平。同时，管理者要加强对导游的日常管理和监督，确保他们遵守行业规范和法律法规。

（三）导游管理模式

常见的导游管理模式包括旅行社管理模式、导游公司管理模式和导游协会管理模式。

1. 旅行社管理模式

在我国，旅行社管理模式是一种较为传统的导游管理模式。采用旅行社管理模式时，导游通常是旅行社的正式员工，由旅行社负责安排导游的工作。

2. 导游公司管理模式

导游公司作为一个专门的中介服务机构，负责兼职导游的日常管理、业务培训、绩效考核等。导游公司通常会向旅行社提供导游租赁服务，并收取一定的中介服务费。

3. 导游协会管理模式

在很多国家，导游被视为自由职业者。很多导游并不隶属于某一家旅行社，不少导游选择加入导游协会并接受导游协会的管理和指导。这些导游在工作的选择上拥有一定的自主性和灵活性，可以根据自己的兴趣和能力选择职业发展道路。导游协会通常会制定行业标准和规范，以提升导游的服务质量和专业素养。

六、危机管理

（一）危机管理的内涵

在会议旅游领域和展览旅游领域，危机管理是指相关人员为避免或减轻危机事件给游客带来的负面影响而开展的管理工作。进行危机管理的目的是提高危机应对能力，以确保旅游活动顺利进行，将危机所造成的负面影响最小化。

（二）危机管理的主体

危机管理是一个复杂的过程，涉及多个管理主体，某个单一的主体通常很难通过自己的力量及时对危机进行防范和控制。因此，构建一个由政府主管部门、旅游公司、旅游协会和旅游从业人员构成的危机管理体系是至关重要的。

在会议旅游和展览旅游领域，危机管理的主体包括以下几种类型。

1. 政府主管部门

政府的主要职责是运用其宏观职能预测和识别潜在的危机，积极地采取预防措施，以阻止危机的发生，将危机的负面影响控制到最小。

2. 旅游公司

当前我国旅游公司业务单一、规模较小，风险不利于分散。因此，旅游公司应加强集团化管理，提升自身的实力和抗风险能力。同时，旅游公司应成立危机管理领导机构，并建立健全危机管理制度，相关管理者应树立危机管理意识。

3. 旅游协会

在危机应急管理方面，旅游协会必须充分发挥自身的作用，促进各主体之间的合作，加强对专业人才的培养。

4. 旅游从业人员

旅游从业人员应积极参与培训，学习相关理论知识，树立正确的危机意识，提高危机应对能力，积极配合政府主管部门、旅游公司和旅游协会做好危机处理工作。

（三）危机管理的工作内容

一般来说，对于旅游公司而言，危机管理的工作内容包括以下几个方面。

1. 开展危机教育

开展危机教育有助于预防危机的出现。旅游公司应积极开展相关培训，培养员工的危机意识，让员工树立正确的危机观念，培养员工的责任感，提升员工的危机识别能力。此外，旅游公司还应模拟各种情景，组织员工进行实战演习，帮助员工在实践中提升危机处理水平。只有员工的危机应对能力得到提高，企业的整体抗风险能力才能有所增强。

2. 建立危机管理机构

旅游公司需要正确评估各类危机给企业带来的潜在影响及危机发生的可能性，这就需要管理者建立危机管理机构。危机管理机构的核心职责包括：收集并分析与危机相关的信息，与负责安全保障的各部门建立联系，预测和预防危机的发生，协同相关部门制定行之有效的危机应对措施。

3. 建立危机预警机制

建立危机预警机制有助于旅游公司预测危机发生的可能性及其可能带来的负面影响，从而作出科学的决策。建立危机预警机制后，旅游公司便能够针对可能出现的问题采取有效的应对措施。

建立危机预警机制的具体步骤如下。

① 确定预警指标。
② 收集数据并分析数据。
③ 建立预警模型。
④ 设定预警级别并制定响应措施。

4. 应对危机

在危机发生期间，旅游公司在应对危机的过程中应做到以下几点。

（1）重视媒体合作，及时发布危机信息

旅游公司应以真诚的态度与各类媒体保持沟通，并设立宣传中心，及时向社会公众发布客观、准确、真实的信息。旅游公司既不能夸大事实，也不能为了达到某种目的而隐瞒或歪曲真相。

（2）控制危机的发展态势，采取安全保障措施

危机管理机构应做到快速沟通、快速判断、快速反应、快速行动和快速修正，采取及时、有效的措施，阻止危机的蔓延。旅游公司应指定专人负责与政府主管部门进行联络，并及时采取安全保障措施，随时对危机的变化形势进行分析和判断。

（3）积极与客户沟通，塑造良好的企业形象

旅游公司应通过电话、微信、电子邮件、传真等方式与客户积极沟通，向他们反

馈公司的情况，争取客户的理解和支持，使客户对公司充满信心，从而为以后旅游业务的开展做好准备。旅游公司应根据自己的实际情况，借助媒体的力量，塑造良好的企业形象。

（4）变危机为机遇，寻找新的发展机会

危机的发生可能给旅游公司带来负面影响，也可能为旅游公司带来一些新的发展机遇。旅游公司可以在危机发生后尽快对员工进行全面培训，提高员工的专业素质和服务水平，使公司的服务水平和管理水平得到快速的提升，从而赢得公众的信任。旅游公司也可以在危机发生后对硬件设施进行升级改造，以增强企业的发展动力。资金雄厚的大型旅游公司可以抓住机遇，以较低的成本完成对小型旅游公司的并购。

5. 事后恢复

应对危机的主要目的是阻止危机的蔓延，并减少其所造成的损失。旅游公司如果希望恢复到危机发生前的状态，就需要采取一系列的措施。

一般来说，事后恢复的核心目标主要包括以下三点。

（1）恢复旅游公司的形象

旅游公司应有效利用报纸、电视、网站等媒介，及时向公众发布真实的信息和公司所采取的应对措施，重建公众对旅游公司的信心。

（2）拓宽客源市场

旅游公司需要通过市场调查深入分析主要客源市场受到了哪些影响，并针对调查结果采取相应的措施，从而拓宽客源市场。例如，调整旅游产品的结构和价格，邀请旅游类媒体、旅游专栏作家、旅游代理商等对公司进行实地考察。

（3）恢复旅游公司的内部信心

危机的发生不仅会影响公司的经营，还会使员工的工作积极性降低。因此，在事后恢复阶段，旅游公司应有效利用企业文化，重塑内部信心，增强公司的凝聚力。这就需要旅游公司制定新的发展战略，积极开拓新业务，抓住新的客源市场，开发新线路、新项目、新产品，并策划新活动，打造新的旅游品牌，以实现可持续发展。

6. 事后总结

危机事件告一段落后，旅游公司需要对危机事件进行全面的总结。事后总结主要包括对危机预控管理的总结和对危机事件管理的总结。

（1）对危机预控管理的总结

对危机预控管理的总结主要包括：危机预警机制是否为危机管理提供了有效指导，危机预警机制存在哪些不足之处，演习和危机教育在危机处理中是否发挥了作用，哪些工作有待进一步完善，危机预警系统是否发出了危机警报，相关人员是否对危机预警系统发出的警报给予了足够的重视并采取了正确的应对措施，等等。

（2）对危机事件管理的总结

对危机事件管理的总结主要包括：危机是否被准确识别了出来；识别危机后，相关人员采取的行动是否有效阻止了危机的爆发或延缓了危机的发展；危机爆发后，公司的反应是否迅速；在处理危机的过程中，资源供给是否及时，资源配置是否合理；采取危机应对措施使哪些方面的损失减少了；危机管理机构的运作是否高效；与媒体的合作是否顺利，向媒体传递的信息是否恰当；公司形象是否得到了维护；恢复目标制定得是否合理；危机恢复工作的开展是否有效；还存在哪些待改进之处等。

7. 完善危机预警机制

完成总结工作后，旅游公司应认真回顾危机处理过程中的每一个环节，进一步完善危机预警机制，这有助于危机管理机构及时解决危机预警机制所存在的问题。危机管理机构应不断加强危机管理机制的指导性和可操作性，为应对下一次危机做好充足的准备。

总的来看，危机管理的具体流程如图6.1所示。

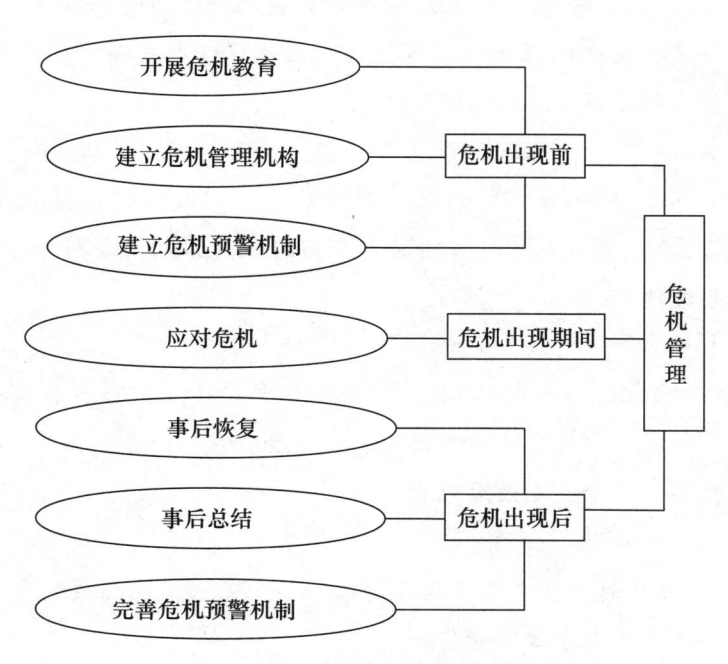

图6.1　危机管理的具体流程

> 知识链接

会展安全问题

  会展安全涉及多个方面，既涉及人的安全问题，又涉及物的安全问题。一般来说，会展安全包括个人安全、群体安全、设施与场馆安全、展览物安全、信息安全与名誉安全。

  个人安全问题主要是指发生在参加会展活动的个别人身上的安全问题，如参展商在参加展览的过程中被盗、被骗、被袭击等均属于个人安全问题。大型会展活动所邀请的重要嘉宾（如政府部门领导、外宾、著名专家、企业家）的个人安全是会展安全工作的重点。

  群体安全问题是指涉及众多参展人员的群体性安全问题。

  设施与场馆安全问题主要是指在会展活动中由于设施或场馆本身的问题而引发的安全问题。例如，设施质量不过关所导致的展台倒塌、展品损坏或人员伤亡。场馆本身的质量问题所导致的人员伤亡均属于设施与场馆安全问题。

  展览物安全问题是指会展活动中与被展物相关的安全问题。

  信息安全与名誉安全问题是指会展活动中因游客、参展商、主办方等利益相关方的信息和名誉受到损害而造成的安全问题。

【案例一】

2023年4月1日11时50分，第51届中国（广州）国际家具博览会撤展过程中，一男子在展馆D区20.2展厅C08展位拆除天花板时被滑落的天花板砸中，造成1人死亡，直接经济损失约170万元。

【案例二】

2020年9月12日16时许，在第4届广州国际新型建筑模板脚手架及施工技术与设备展览会撤展期间，在中国进出口商品交易会展馆10.1馆B02展位，一名男子在拆卸展品的过程中被砸伤，抢救无效后死亡。

【案例三】

2024年5月11日10时许，在上海举行的第16届中国国际电梯展览会的一参展商展台发生垮塌，一名男子在事故中受伤倒地。

七、经济效益评估与质量管理评估

一般来说,旅游公司需要及时了解游客对旅游公司所提供的产品和服务的反馈意见。在收集到大量真实的反馈意见后,旅游公司需要及时进行经济效益评估和质量管理评估。

(一)经济效益评估

经济效益评估的工作内容包括:投资估算、成本预测、税金预测、利润预测、贷款偿还期预测、收益率预测,以及企业投资利润分析。进行经济效益评估有助于公司管理者清晰地了解各旅游产品的经济效益。在进行经济效益评估时,评估人员应做好以下工作。

① 建立内部稽核制度,明确规定内部稽核工作的职责、内容、方法和要求,以确保审核工作能够科学、有效地开展。

② 建立信息反馈制度和效益考核制度,对公司全年的经营状况进行细致的分析。

③ 在加强日常财务监督检查工作的基础上,定期对资金的使用情况进行全面的检查、审核。一旦发现不合规的行为,公司应立即予以纠正;如果情节严重,公司应按照有关规定进行严肃处理。

(二)质量管理评估

质量管理评估的结果与游客的满意度密切相关。在进行质量管理评估时,评估人员可以着重分析以下几个方面。

① 满意度调查表的回收情况。
② 游客的综合满意度。
③ 游客未来的参与意愿。
④ 游客对导游服务的满意度。
⑤ 游客对纠纷处理的满意度。

评估人员应当将调查结果进行汇总和分析,从而判断公司所开展的会议旅游活动或展览旅游活动是否成功。评估结束后,旅游公司还应根据所获得的反馈对旅游产品进行优化,从游客反馈的信息中获取有助于开拓新市场、改进服务质量的有效信息。

章前案例分析

上海车展的举办吸引了大量游客前来观展和旅游，对上海的经济增长起到了积极的推动作用，带动了上海及周边地区的旅游业的发展，以及餐饮、交通等相关行业的发展，为当地居民提供了更多的就业机会。展会举办期间，大量国内外参展商和观众涌入上海，这不仅提升了上海的国际知名度，还展示了上海作为国际大都市的魅力和活力。综上所述，上海车展与上海城市旅游的有机融合是一个成功的案例。这一案例为我国其他城市和地区的旅游业的发展提供了有益的启示。

本章小结

本章介绍了会议旅游和展览旅游的策划原则，阐述了会议旅游和展览旅游的策划内容，对会议旅游和展览旅游管理中的餐饮管理、住宿管理、交通管理、游览活动与娱乐活动管理、导游管理、危机管理、经济效益评估与质量管理评估等进行了深入分析。

复习思考题

一、简述题

1. 会议旅游和展览旅游的策划原则有哪些？
2. 简述会议旅游和展览旅游的策划流程。
3. 导游应具备哪些基本能力？
4. 安排娱乐活动时一般要考虑哪些问题？

二、论述题

1. 论述餐饮管理的工作内容。
2. 论述导游管理的工作内容。
3. 论述危机管理的工作内容。

三、案例分析

请根据下面的案例论述南昌市在会展策划与会展管理方面的成功经验。

2023年南昌市展览业经验做法[①]

完善会展服务支撑体系

在政策保障方面，江西省为南昌的会展发展提供资金方面的支持，南昌市级财政、红谷滩区财政每年分别拨款不少于3000万元，扶持会展经济的发展，省、市、区三级扶持政策体系由此形成。同时，南昌进一步完善展馆租赁补助事项办事指南，精简补贴兑现流程，实行"一个科室对外、一个窗口受理、一次性办结"。

在服务体系方面，相关部门组建专班服务队，在公安、消防、报批及餐饮等方面提供配套保障服务，确保第一时间响应需求、解决问题。公安、消防等部门统筹联动、同向发力，确保展会顺利举办。

同时，南昌加快推进绿地国际博览中心周边基础设施建设，不断完善周边配套服务，着力提高餐饮、住宿等有关方面的接待能力，为展览经济营造"拎包入住"的服务环境。

大力引进全国展、国际展

2023年全年，南昌成功引进、举办7个全国展（含4个国际展）。其中，第81届中国教育装备展示会展览面积为21万平方米，展会规模创江西展会之最，是全球教育装备行业规模最大的展会；2023中国测绘地理信息技术装备展览会展览面积为3万平方米，是目前世界上唯一一个得到全球展览业协会认证的同类型国际展会。

[①] 中国国际贸易促进委员会.中国展览经济发展报告2023[R/OL].（2024-01-10）[2024-10-23].https://www.ccpit.org/image/1641603198017880066/d921631cbc2a43b195a10a2890bc09c0.pdf.（有删改）

依托优势产业，培育产业展览

南昌着重打造"以展促产、以产兴展、产展一体"的良性互动格局，培育了2023中国（中部）工业博览会、2023中国（南昌）国际大健康产业大会暨博览会、2023第7届江西（安义）铝型材及门窗博览会、2023第6届中国（江西）糖酒会暨茶业博览会等一批产业展。2023年，南昌借助展会平台达成合作项目74个，签约金额达到449亿元。

通过消费展推动消费提质增效

南昌发挥重大节假日消费拉动效应，充分利用劳动节、端午节、国庆节等假日及周末，举办华夏家博会、江西省消费品博览会、南昌市"红五月"房地产展销会、2023第18届南昌国际汽车展览会等大众消费类展会，拉动内需，扩大商品消费，推动消费提质增效。

积极组织企业参加外埠重点展会

2023年，江铃汽车、海昏侯文创、煌上煌系列产品、绿滋肴江西名优特色食品、绳金塔三花酒等南昌市名优特色产品，参加亚欧商品贸易博览会、中国-蒙古国博览会、广州博览会、辽宁国际投资贸易洽谈会等省外知名展会，南昌的城市形象得到了集中展示，南昌老字号及名优企业的市场推广空间得到了充分的拓展。

第七章 节事旅游策划与管理

学习目标

知识目标

- 掌握节事旅游策划的基本特征和基本要素；
- 熟悉节事旅游活动的策划流程和节事旅游策划的一般方法；
- 了解节事旅游策划的基本原则；
- 了解节事旅游管理的主要任务。

技能目标

- 能够根据节事旅游活动的运作规律策划小型节事旅游活动；
- 能独立为小型节事旅游活动撰写策划方案。

关键词

- 节事旅游策划、节事旅游管理

案例导入

第26届北京平谷国际桃花节[①]

2024年4月15日，由中央广播电视总台北京总站、北京市文化和旅游局、北京市平谷区人民政府主办的第26届北京平谷国际桃花节在拥有万亩花海的桃源逸栈拉开帷幕。

历经30多年的积累与发展，北京平谷国际桃花节已经发展成为全国知名的综合性文化活动品牌，集农业观光、传统文化、音乐休闲、美食打卡、体育健身等多种元素于一身，这也使平谷区成为京津冀地区市民春季休闲旅游的热门选择。北京平谷国际桃花节不仅展示了平谷独特的乡村风貌，还成为推动地区经济发展的重要引擎。

本届桃花节以"桃醉平谷·美好乡村等你来"为主题，不仅为游客呈现了壮观的花海景观，还为游客带来了一系列精彩的文化活动。真情放歌、海景灯光秀、花海结缘、汉服体验、美食快乐购等一系列为游客量身定制的活动，向广大市民和游客展现了平谷的乡村风光和浓厚的文化氛围，为游客提供了新体验，促进了新消费，进一步推动了乡村振兴和区域旅游的新发展。

在"结缘桃花海"2024北京平谷首届花朝游园会上，"花朝祈福""天女赐福""绣球招亲"等一系列活动让人们目不暇接；桃花节"彩虹跑"则让游客感受到了运动的快乐，为桃花海增添了新的色彩；桃源秘境展厅正式对外开放，80余个展销摊位让游客过足"进店"瘾，游客可尽情购买特产、品尝美食、慢享咖啡。

为了丰富游客的休闲体验，在北京平谷国际桃花节举办期间，经过精心装饰的电音巴士在平谷城区和桃花海周边运行，乘客可以乘车欣赏平谷的城市风貌和自然风光，一路巡游至千亩梯田，观看风筝表演，参观爬虫馆，购买京津冀特色农产品等。

此外，主办方在桃源逸栈的一层露台搭建了欢歌大舞台，游客可以直面粉色花海，一展歌喉，抒情呐喊。游客只需在"高大尚平谷"微信公众号后台留言，便可预约放歌时间。现场游客也可以走上舞台，或低声吟唱，或高声呐喊，表达对春天的赞美和对美好生活的向往。

[①] 刘延清.第二十六届北京平谷国际桃花节开幕[EB/OL].（2024-04-16）[2024-10-29].http://www.news.cn/2024-04/16/c_1212353328.htm.（有删改）

值得一提的是，本届北京平谷国际桃花节还创新推出了"桃花护照"活动。游客只需前往桃源逸栈、金塔仙谷度假小镇、丫髻山、金海湖、梨树沟这5个精选打卡点位，领取"桃花护照"并完成打卡任务，便可享受平谷区所有景区2024年全年无限次免费畅游的特权。这一举措不仅为游客提供了更多福利，也进一步推动了平谷区旅游业的发展。

由于平谷万亩桃花海进入最佳观赏期，大批游客来到这里共赏盛景。游客们或挑选角度拍照留影，或漫步花径观赏桃花。孩子们在花丛中嬉戏玩耍，笑声此起彼伏。夜色掩映中，小峪子万亩花海灯光秀营造出曼妙无际的光影海浪，演绎出另一番花与海的畅想。

为提升游客出行体验，缓解重点赏花区的交通压力，平谷区推出了一系列优惠政策和服务措施。相关部门在关键赏花路段特别设置了2个免费停车场，并配备便捷的赏花摆渡车，一处位于峪口大集，另一处位于平谷大桃市场，均紧邻桃花海、小金山、桃花源赏花区，确保每位游客都能轻松畅享桃花盛宴。

近年来，平谷区深入实施乡村振兴战略，大力推进农业现代化和乡村旅游的深度融合。北京平谷国际桃花节等一系列活动的成功举办使平谷区的知名度和美誉度显著提升，农民的收入也实现了稳步增长。

7.1　节事旅游策划的基本特征

节事旅游活动通常具有特定主题、规模不一，在特定区域内定期或不定期举办，能吸引区域内外大量游客参与。节事旅游的载体是一系列丰富多彩的节事旅游活动。

节事旅游活动的成功开展离不开精心的策划。策划可以为节事旅游提供行动指南和纲领，为节事旅游的发展提供新观念、新思路，增强节事旅游的吸引力。

节事旅游策划是一项复杂的工程，是节事活动策划与旅游策划的结合体。节事旅游策划的基本特征表现为以下几个方面。

一、目的性

目标是策划的起点。任何一项策划活动都是为实现某一个或者某些特定的目标而进行的，节事旅游策划也是一样的。节事旅游策划的主要任务是为节事旅游活动的开展提供指南和纲领，提升节事旅游的经济价值，增强节事旅游活动的吸引力。

拓展阅读

青岛国际啤酒节的国际化定位的必要性

自1991年第1届青岛国际啤酒节举办以来，青岛国际啤酒节就始终秉持国际化的发展理念，走向国际也就成了青岛国际啤酒节的发展目标和方向。明确国际化定位的目标是让它以更快的速度成为世界一流的啤酒节和具有浓厚国际色彩与国际影响力的节庆品牌。如今，青岛国际啤酒节已成为集旅游、文化、经贸于一体的综合性大型节事活动和亚洲的啤酒盛会，并已成为彰显青岛城市个性与魅力的盛大节日。

明确青岛国际啤酒节的国际化定位主要出于以下两个方面的需要。

一是出于青岛国际啤酒节自身持续发展的需要。青岛国际啤酒节的举办充分利用了青岛本地的独特优势。经过30多年的培育和扶持，青岛国际啤酒节已经走向全国，青岛因此取得了良好的经济效益和社会效益。基于节事活动的大众性、广泛性、开放性，从青岛国际啤酒节自身发展的角度看，青岛要继续开拓市场、扩大影响、打造品牌、提高效益，使其走向世界。

二是出于青岛城市发展的需要。青岛是我国改革开放的前沿阵地，是我国重要的沿海开放城市，目前正在向成为国际化城市的目标迈进。这也要求青岛国际啤酒节在全面吸收本地及国内优秀资源的同时，充分利用国际资源，尽快提升自身的国际化水平。节事活动是经济活动的一种表现形式，同时也是精神文明建设的重要组成部分。青岛举办青岛国际啤酒节的主要目的之一就是展示青岛对外开放的良好形象，提高城市的国际知名度。

二、文化性

不论是展现传统文化的民俗类节事旅游活动，如北京地坛春节文化庙会、上海龙华庙会、彝族火把节等，还是商业类节事旅游活动，如各地的观光旅游节、美食节等，都以当地的文化为依托。文化是节事旅游的内核，策划者在进行节事旅游策划时必须重视文化性。没有文化内涵的节事旅游活动难以长久发展下去。只有有了文化因素的渗透，节事旅游活动才会充满吸引力和创造力，它的内容才会变得越来越丰富，

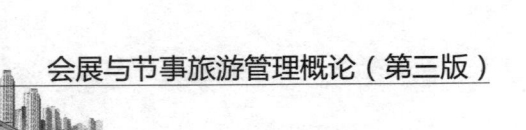

它的形式才会越来越多样化。

三、特色性

　　随着旅游业的不断发展，许多新的节事活动被创造了出来，节事旅游的发展速度也越来越快。这些节事活动具有时代性、功能性和产业性，活动形式日趋多样，内容越来越广泛。例如，由山东省人民政府、文化和旅游部、中国联合国教科文组织全国委员会主办的中国国际孔子文化节就颇具特色。当前，发展节事旅游已成为各级政府推动旅游业发展的重要途径，但是，随着节事旅游的快速发展，许多二线城市、三线城市出现了盲目效仿、过度跟风的现象。这就导致众多节事活动在文化内涵上趋于同质化，其结果可想而知，政府花了大量的时间、精力和资金发展节事旅游，却因为节事活动本身不具有地方特色而无人问津。因此，策划者要挖掘节事活动的独特性，紧抓特色不放手。只有这样，节事旅游才能具有文化特色、民族特色、地域特色和时代特色。

拓展阅读

北极光节

　　每年夏至时节，"中国最北的小镇"北极村都会举行北极光节。由1991年开始的夏至节衍生而来的北极光节，历经30余年的潜心挖掘和打造，已成为漠河市独具特色的文化品牌和对外宣传的名片。2010年，北极光节荣获"中国最具影响力节庆奖"。北极光节的节事活动也由最初的文艺演出、篝火晚会演变为特色产品展销会、花卉展、书法摄影展、花车盛装巡游、北极村篝火舞会、特色风情演出、烟火燃放、放江灯等20余项活动。

　　2024年6月21日晚，大兴安岭极地森林生态康养季暨漠河第33届北极光节、首届北极夏至音乐节开幕式在漠河市北极村开幕，本次活动以"生态避暑兴安岭·森林康养大北极"为主题。近年来，大兴安岭依托本地区得天独厚的地缘优势和资源优势，策划举办了极地森林生态康养季系列活动。随着北极光节的开幕，大兴安岭地区特色文化旅游高质量发展大会等活动也陆续启动。同时，大兴安岭地区还推出了找北寻爱游、界江古驿游、边境消夏避暑游、东极北极穿越游等8条精品旅游线路，以满足不同游客的多样化需求。

7.2 节事旅游策划的基本要素

节事旅游策划是指策划者在一定目的的驱动下，在对有关节事旅游的信息进行筛选、整理、分析的基础上，凭借科学的方式、方法，制订出符合要求的节事旅游活动策划方案，并且在执行过程中不断对方案进行调整的过程。这个复杂的过程涉及节事旅游策划的三个基本要素——策划主体、策划客体、策划环境。

一、节事旅游的策划主体

节事旅游的策划主体就是策划者。策划主体可以是单独的个体，也可以是某个群体；可以是政府部门的工作人员，也可以是策划公司的策划师。在他们之中，有的是节事旅游活动的发起者，有的是节事旅游活动的组织者、宣传者、实施者。他们在节事旅游策划的不同阶段、不同环节发挥着不同的作用。

二、节事旅游的策划客体

节事旅游的策划客体就是指节事旅游的策划对象，包括与节事旅游相关的人、物、文化和行为。在一些情况下，人可被视为策划客体，比如，策划富有少数民族特色的节事旅游活动时，当地居民就是策划客体的一部分。同时，富有民族特色的建筑物、艺术品和少数民族群众一直保留的风俗习惯等也可被视为策划客体。可被视为策划客体的行为主要是指那些能够对节事旅游活动的设计、组织、宣传、实施带来影响的各种行为，如为宣传节事旅游活动举办新闻发布会等。

三、节事旅游的策划环境

节事旅游的策划环境包括自然环境和社会环境。这里提到的自然环境与节事旅游活动的时间、地点和活动举办地所具备的自然条件（如自然资源、气候等）有关。这里提到的社会环境与当地文化、经济发展状况、市场需求、政策法规等因素有关。

我国地大物博，文化资源丰富，并且不同地区的自然环境差异较大。在策划节事旅游活动时，策划者必须全面考虑活动举办地的自然条件，并充分利用大自然所赋予的壮丽景色和奇妙景观开展相应的活动。同时，策划者要深入理解并尊重不同地域的文化差异，包括思维方式、风俗习惯、价值观念等。策划者应当充分运用创造性思维，打造出独具特色且充满生命力的节事旅游活动。开展这样的节事旅游活动不仅能够吸引游客的参与，还能促进当地文化的传承与发展，进而实现节事旅游的可持续发展。

7.3 节事旅游策划的基本原则

策划者在策划节事旅游活动时应遵循以下几项基本原则。

一、增强活动的针对性

提高大众的关注度和参与度有助于节事旅游活动的顺利开展。因此，策划者应当在策划节事旅游活动前充分了解大众的旅游动机。策划节事旅游活动时，深入理解游客的出游目的和旅行需求是至关重要的。为了有效开发节事旅游市场，策划者应当深入挖掘当地的自然特色和文化特色，设计出既具有独特性又符合游客需求的节事旅游产品。

在策划过程中，策划者需要紧密围绕目标市场，采取有针对性的营销策略，全面考虑客源市场的需求特征。这就要求策划者对客源市场的人口结构和游客的文化水平、经济状况、出游习惯、旅游偏好等进行深入的分析。策划者可以通过综合分析这些因素，更加有针对性地推出系列节事旅游产品，提升节事旅游产品的市场竞争力和吸引力。

二、激发公众兴趣

想要提升节事旅游活动的吸引力，策划者就要为公众创造有利条件，以激发他们的参与热情。具体做法包括：邀请公众参与节事旅游活动的策划，及时发布与节事旅游活动相关的信息，定期通过各类渠道向公众反馈活动进展，向公众收集反馈意见。此外，策划者还可以举办活动标志和活动主题的征集活动，以进一步激发公众的参与热情。

三、注重合作

大型节事旅游活动能够汇聚人流、资金流和信息流，为构建大型节事旅游圈提供有力支撑。然而，当前我国的许多节事旅游圈未能充分发挥自身潜力。为了发挥规模效应和集聚效应，相关部门应当尽快建立协调机制，确保大型节事旅游的发展与城市发展规划相契合。这要求相关地区加强旅游设施、交通网络及城市建设的互联互通。同时，策划者应积极塑造节事旅游圈的整体旅游形象，通过加强宣传力度吸引潜在游客的广泛关注。值得注意的是，目前我国部分节事旅游活动的策划工作由政府部门委托给了专业机构或公司，但有些地区的节事旅游活动仍然完全由政府部门策划和管理。为了使节事旅游活动的策划更好地满足市场需求、更具有创新性，政府部门应与专业的策划机构进行合作。

四、实行市场化运作

想要实现节事旅游活动的可持续发展，策划者就必须遵循市场规律。充足的资金是开展节事旅游活动的基础，然而，节事旅游活动的开展不应过分依赖政府部门的财政支持。策划者应当通过提升节事旅游活动的知名度和影响力，吸引企业和媒体的广泛关注与积极参与。建立市场化运作机制能够促使节事旅游实现可持续发展，实现"以节事养节事"。

五、实行产业化运作

完善产业链和产业集群是推动节事旅游产业化的重要途径。加强产业链上下游企业的合作与联动有助于形成完整的产业链条，提高产业的整体竞争力。同时，培育和发展产业集群有助于形成规模效应和集聚效应，进一步推动节事旅游的产业化发展。

7.4 节事活动的筹办与节事旅游活动的策划

一、成功举办节事活动的条件

举办节事活动的主要目的是展示城市的良好形象，增加其吸引力，取得良好的经济效益和社会效益。一般来说，成功举办节事活动的条件包括以下几个方面。

（一）具备区位优势

并非所有城市或地区都适合开展节事活动，区位特征对节事活动的举办有着重要的影响。一个在举办节事活动方面具备区位优势的城市通常拥有良好的文化环境、便利的交通条件和良好的经济环境。

1. 良好的文化环境

节事活动的开展必须以当地独特的文化为依托。如果没有独特的地方文化，就无法孕育出具有鲜明特征的节事文化；如果缺乏具有鲜明特征的节事文化，策划者自然也无法打造出充满魅力的节事活动。这种文化的内在关联性深刻地影响着节事旅游的发展。无论是西班牙的奔牛节、巴西的狂欢节，还是我国的彝族火把节，都具有浓郁的地方文化色彩。

2. 便利的交通条件

交通条件便利对于节事活动的开展至关重要，因为它直接关系到游客的出行体验与活动参与度。便利的交通条件能够确保游客快速、便捷地抵达活动地点，这有助于游客更充分地探索当地的文化、参加当地的特色活动。

3. 良好的经济环境

举办节事活动需要活动举办地拥有良好的经济环境，这是推动节事活动顺利开展和持续创新的基础。在经济繁荣的背景下，政府和企业有能力投入更多的资金和资源来策划、组织和推广节事活动，从而提升活动的质量和影响力。同时，良好的经济环境也意味着当地居民的消费能力和出行意愿更高。此外，稳定的经济环境能够为节事活动的长期可持续发展提供有力的保障。

（二）主题突出

大型节事活动虽然涉及政治、文化、科技、教育等各个方面和各个领域，但总是围绕某一个主题进行，从而使活动具有较强的专业性。一个突出的主题能够使策划者明确活动的目标受众，使活动更加具有针对性。此外，主题鲜明的活动更容易激发潜在参与者的兴趣。当人们对某个主题产生浓厚兴趣时，就更有可能主动了解和参与相关活动。

（三）具有地方特色与民族特色

很多节事活动有很强的地方特色和民族特色，它们的产生、形成、发展与各地的自然环境、人文环境有十分密切的关系。例如，哈尔滨举办中国·哈尔滨国际冰雪节就与当地的气候环境有关，处于低纬度地区的城市是很难举办此类活动的；此外，维吾尔族、塔吉克族、哈萨克族的节事活动多数离不开赛马、叼羊等活动。

策划者如果想要举办具有特色的节事活动，就必须深入研究当地的自然环境、社会环境、历史文化和民俗风情。

（四）活动举办地社会稳定

活动举办地的社会稳定性会影响大型节事活动的举办效果。例如，2001年，美国的"9·11"恐怖袭击事件使美国的旅游业受到重创，其节事活动的开展也因此受到负面影响。

二、筹办节事活动的主要环节

节事旅游活动的开展与节事活动的筹办关系密切。节事活动的筹办者必须充分考虑客源市场的需求特征，对客源市场的人口构成和游客的文化层次、消费习惯、旅游需求等进行综合分析，尽可能使节事活动在最大程度上吸引受众的关注。

节事活动的筹办通常包括定位、组织、营销、承办四个环节。

（一）定位

筹办节事活动时，筹办方通常需要为即将举办的节事活动寻找合适的定位，如宗旨定位、主题定位、市场定位等。

宗旨定位与举办活动的根本目的有关，又被称作统帅性定位。节事活动的所有活动内容都应体现某个宗旨。

主题定位与活动品牌、活动特色和活动内容有关。明确主题定位时，筹办方必须细致分析本地的特色资源和城市的整体形象，寻找那些能够代表城市形象、具有唯一性和特殊性的元素。活动的主题应当鲜明并具有固定性。

在明确市场定位之前，筹办方必须开展详尽的市场调查，通过可行性分析和态势分析全面了解活动举办地的实际情况，明确其优势、劣势，了解举办活动所面临的挑战及潜在的发展机遇，从而有针对性地制订筹备计划，确保活动内容能够精准对接市场需求。虽然筹办节事活动涉及诸多工作，如确定广告语、选定吉祥物、设计纪念品等，但相比之下，明确定位才是筹办节事活动的核心任务，因为它关乎节事活动的全局和长远发展。

（二）组织

节事活动的组织工作千头万绪、纷繁复杂。筹办方只有做到提纲挈领、纲举目张，才能达到事半功倍的效果。一般来说，筹办方在组织节事活动时应重点关注以下四个方面的工作。

1. 重视联办单位和参与单位的分工与协作

筹办节事活动是一项系统性很强的工作，因此，筹办方要重视联办单位和参与单位的分工与协作，明确各个单位的具体任务。例如，2024年第40届中国·哈尔滨国际冰雪节的成功举办离不开黑龙江省人民政府、哈尔滨市人民政府的组织和领导，也离不开哈尔滨市体育局、哈尔滨市市场监督管理局、哈尔滨市商务局、哈尔滨市交通运输局等相关部门的通力合作。

2. 组织文艺演出

文艺演出是节事活动中不可或缺的部分。举办文艺演出不仅能提高节事活动的吸引力，还能为游客带来难忘的体验。为了提升节事活动的整体品质，筹办方应当做好文艺演出的组织工作，邀请国内外顶尖的艺术团体为游客带来精彩纷呈的表演，以增添节事活动的多样性和趣味性。

3. 完善后勤保障体系

节事活动是一项集经济、文化、旅游于一体的综合性活动，其后勤保障体系较为复杂，涵盖了交通运输、商业服务、文化展示、环境卫生、金融服务、安保等多个领域。鉴于节事活动主要面向游客，各相关部门的工作人员必须秉持"以人为本"和"服务至上"的核心理念，致力于提供优质的服务。在组织节事活动的过程中，筹办方要确保人员和物资的充足，重视服务质量，提升整体服务水平。

4. 加强与媒体的合作

媒体在节事活动的宣传报道方面有着举足轻重的作用。活动前期的预热宣传、活动现场的即时采访、活动结束后的追踪报道都能够极大地提升节事活动的社会影响力。因此，节事活动的筹办方不仅要积极邀请媒体对活动进行报道，还要向各大媒体及时分享活动进展、提供活动的详尽信息、介绍典型人物或事迹、提出具体的报道需求，以确保媒体能够迅速而准确地发布相关信息。为此，节事活动的筹办方应当设立专门的媒体联络岗位，安排专人负责与媒体对接，有效发挥媒体在节事活动推广方面所起到的积极作用。

（三）营销

节事活动的筹办方除了要采用常规的营销手段外，还要通过以下方式创新营销手段。

1. 采用市场化运作模式，与专业的营销公司合作

为了提升营销的专业性和市场化水平，筹办方应当选择与专业的营销公司合作，这些公司在节事活动的筹备、策划、宣传、包装及营销等方面有着丰富的经验。营销公司的介入能够使营销活动更加贴合市场需求。

2. 充分利用线上平台

随着互联网的普及，越来越多的节事活动的筹办方选择通过线上平台发布信息、开展营销活动，并为游客提供网上购票服务。利用线上平台开展营销活动不仅有助于拉近与公众的距离，还便于相关人员为游客提供低成本、高效率的服务。

3. 挖掘活动特色

节事活动的筹办方应当抓住节事活动的特色，围绕活动特色进行重点宣传，激发人们的兴趣和好奇心，吸引更多人的关注。

4. 形成规模效应

为了增强节事活动的吸引力、提升经济效益，筹办方可以将各项节事活动进行整合，举办系列活动。采用这种方式不仅有助于丰富节事活动的内容，还有助于提高节事活动的知名度和美誉度。

（四）承办

在这一阶段，节事活动的筹办方需要完成三项主要任务。一是成立活动筹备委员会或筹备小组，以便于统筹全局。二是制订详尽的总体活动方案，明确节事活动的时间、地点、活动内容、组织方式、预算、应急方案等。三是编制行动计划和工作进度表，保障相关工作的有序推进。

筹办方必须做到分工清晰、责任到人，确保每项事务都有人负责。工作人员需要有较强的责任感，对待工作严谨认真。对于专业要求较高的工作，筹办方应聘请相关领域的专家担任顾问，提供专业指导与支持。

若举办国际性节事活动，筹办方还需要特别关注以下几点。

① 筹办方在设定主题时应依托一定的文化背景，确保主题具有一定的深度。同时，节事活动的名称应鲜明而具体，让中外游客能够通过活动名称迅速了解活动的主要内容。

② 筹办方在明确市场定位时，需要关注可供开发的市场，并为活动组织者和参与者提供国际文化交流和经贸合作的机会。

③ 筹办方在策划和组织文艺演出时，应充分考虑语言方面的问题，适当减少容易产生语言障碍的节目，增加歌舞类节目。

④ 筹办方在接待外宾或为外宾提供服务前，需要深入了解他国国情、社会动态以及外宾的政治主张、宗教信仰和风俗习惯，尊重其合理要求，避免因工作上的疏忽而引起纠纷。

⑤ 筹办方应在活动筹备期间对活动举办地的公众进行宣传和引导，提高其参与度，提升公众的主人翁意识。

⑥ 筹办方应在开展筹备工作的过程中及时了解活动的实际情况，积极学习和借鉴其他国际性节事活动的成功经验，精心策划、筹备、组织和落实各项工作。

三、节事旅游活动的策划流程

策划节事旅游活动是一项复杂的工作，包括确定活动主题、拟订活动方案、审批活动方案、落实活动方案及评估活动效果等具体工作（见图7.1）。

```
确定活动主题
    ↓
拟订活动方案
    ↓
审批活动方案
    ↓
落实活动方案
    ↓
评估活动效果
```

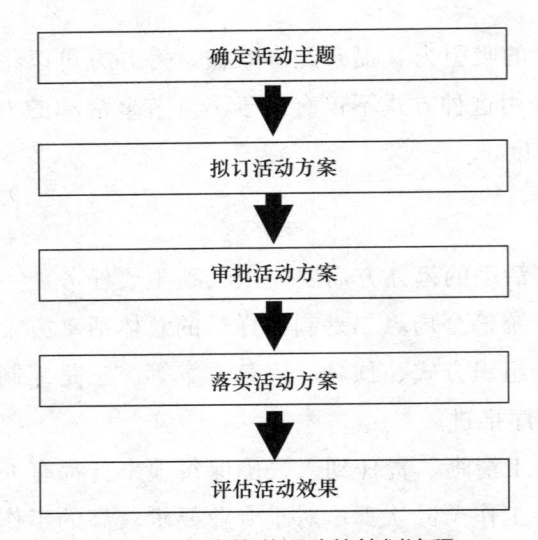

图7.1　节事旅游活动的策划流程

（一）确定活动主题

策划者在构思节事旅游活动的主题时应当注意以下几个方面。

1. 重视市场调研

策划者在确定节事旅游活动的主题前必须进行市场调研，以确保该主题既能充分展现旅游目的地的独特魅力，又能满足游客的心理预期，从而有效激发他们的参与热情。

海南三亚作为国内知名的旅游度假胜地，长期以来在吸引高端游客方面未能实现显著突破。为了充分发挥三亚独特的品牌优势，进一步吸引高层次游客，三亚相关部门的工作人员对旅游市场进行了深入调研，并发现了韩国游客的旅行新趋势。

首先，韩国游客倾向于选择近距离的旅游目的地，且对我国的旅游景点有较强的认同感，很多韩国人将我国视为他们的首选旅游目的地。其次，韩国游客特别喜欢阳光明媚的海滨度假胜地，而三亚被誉为"东方夏威夷"，很多韩国游客将三亚视为度假天堂。再次，韩国年轻人结婚时往往会选择前往某个旅游目的地进行蜜月旅游，然而，他们常去的济州岛因旺季游客人数太多而逐渐失去吸引力。另外，与三亚有相似之处的马尔代夫距离韩国较远，并且前往马尔代夫旅游成本高昂，因此，三亚成了不少韩国年轻人心目中理想的蜜月度假地。最后，我国传统的婚俗文化深受韩国年轻人的喜爱。基于以上分析，三亚精心策划并推出了三亚天涯海角婚庆节，最终这一活动吸引了很多的韩国游客。

2. 依托当地文化资源

节事旅游活动的策划者在设定主题时应当依托当地的文化资源，通过深入挖掘和展示当地的文化资源，打造具有独特魅力的旅游品牌，吸引更多游客前来体验，从而推动当地旅游业的发展。洛阳是我国的历史文化名城，有着深厚的文化底蕴，牡丹则是洛阳的市花。中国洛阳牡丹文化节的举办就充分利用了洛阳的历史文化资源，展示了洛阳的独特魅力。中国洛阳牡丹文化节的主办方通过举办各种牡丹花展、文化表演活动吸引游客，提升了洛阳的旅游品牌形象。如今，中国洛阳牡丹文化节每年吸引大量中外游客，极大地推动了洛阳旅游业的发展。

3. 捕捉热点

为节事旅游活动设定主题时，捕捉热点是非常重要的。策划者可以通过捕捉社会热点、文化热点等各类热点，设计具有吸引力、创新性和文化内涵的活动主题，从而吸引更多游客的参与。2024年第35届上海旅游节推出了重磅文化活动，如"何以敦煌"敦煌艺术大展和"金字塔之巅：古埃及文明"大展，相关展览活动吸引了大量文化爱好者，满足了游客对多样化、高品质旅游活动的需求。

4. 主题鲜明

鲜明的主题能够有效传达活动的核心价值和主要特色，使游客能够清晰地了解活动的性质和目的。这有助于游客在第一时间作出是否参与活动的决策，也便于活动信息的传播和推广。此外，鲜明、有特色的主题有助于塑造节事旅游活动的品牌形象，使其在市场上具有更高的辨识度和影响力，为活动带来良好的口碑和宣传效果。

（二）拟订活动方案

为了确保活动的顺利进行，策划者应当拟订一个全面、详细且具有可行性的活动方案。活动方案应涵盖活动的背景介绍，明确活动旨在解决的问题或达成的目标，以及活动将如何与文化战略或经济战略相结合。同时，活动方案应当详细阐述目标受众群体，包括他们的兴趣、需求和行为特征，以便策划者设计符合游客需求的活动内容。

活动时间和地点是方案的重要组成部分。策划者需要在确定时间和地点时考虑目标受众的便利性和活动氛围的营造。活动的内容设计则应体现活动的独特性和创新性，包括具体的活动环节、互动体验、表演、展览、展示等。

在宣传推广方面，活动方案应明确宣传策略、宣传渠道和预期效果，确保活动信息的广泛传播和精准触达。在预算规划方面，活动方案应对所有可能产生的开支进行说明，包括场地租赁费用、设备购置费用、人员薪酬、物料制作费用、宣传费用等。

活动方案还需要明确各阶段的任务分工、时间节点和责任人，确保活动的有序进行。在确定人员分工时，策划者需要根据活动规模和需求，合理调配人力资源，明确各岗位的职责和要求。活动方案还应说明物资准备计划，以便相关人员根据活动内容提前采购必要的物资，确保活动的顺利进行。

（三）审批活动方案

在活动方案拟订完成后，策划者应及时将其提交给上级主管部门，请上级主管部门审批，争取当地政府部门的认可与支持。节事旅游活动通常规模较大，需要众多企业、媒体以及工商部门、旅游部门等进行协作。若没有当地政府部门的全力支持和积极参与，想要成功举办节事旅游活动是十分困难的。

策划者在向上级主管部门正式提交方案的同时，通常还需要附上请示或情况汇报。请示或情况汇报应全面阐述活动的目的、意义、预期效果以及具体的实施计划，同时说明举办活动对当地社会发展起到的积极影响，从而向上级主管部门清晰地展示活动的整体框架和重要性，以获得上级主管部门的支持。

与此同时，策划者也需要积极地与当地政府部门及相关部门沟通协调，确保活动方案与政策导向相匹配，从而为活动的成功举办奠定坚实的基础。

（四）落实活动方案

一般而言，策划者在落实节事旅游活动策划方案时需要关注以下几个方面。

① 策划者要制定有效的宣传策略，充分利用传统媒体和新媒体资源，提高活动的知名度和影响力。营销和宣传是活动筹备的重要一环，与知名人士、意见领袖合作有助于扩大活动的受众范围，提升活动的关注度。

② 策划者应当注重场地与设施的规划，根据活动的规模和需求选择合适的场地，并进行合理的规划布局，确保游客的舒适度和场地的安全性。同时，策划者要为活动提供完备的设施，为游客提供优质的体验。

③ 在落实节事旅游活动策划方案时，策划者应注意资源整合，积极争取政府的支

持，与当地企业建立合作关系或共同开展相关活动。此外，策划者应鼓励当地居民积极参与节事旅游活动，提升活动的参与度。

④ 在落实节事旅游活动策划方案的过程中，策划者要加强现场管理，确保游客的人身安全和财产安全。同时，策划者要对活动过程中可能出现的风险进行充分的评估，并采取相应的措施进行预防。

（五）评估活动效果

节事旅游活动的效果评估是一个复杂且细致的过程，它涉及活动的多个方面。在评估的过程中，评估者需要综合考虑活动的参与度、影响力、经济效益、满意度、创新性等多个因素。

1. 参与度评估

参与度是衡量节事旅游活动效果的重要指标之一。它反映了活动的参与人数和不同群体的参与情况。评估者可以通过统计参与人数、参与率等数据，直观地了解活动的吸引力和受欢迎程度。

2. 影响力评估

影响力评估主要关注的是活动的品牌影响力和社会效益。进行影响力评估需要评估者统计媒体曝光率，分析活动在提升地区知名度、促进文化交流等方面起到的作用。

3. 经济效益评估

经济效益评估是节事旅游活动效果评估的重要组成部分。它主要考察活动的收入、支出、利润等财务指标，以及活动对当地经济作出的贡献。评估者可以通过此项评估了解活动的经济可行性和对地方经济的推动作用。

4. 满意度评估

满意度评估主要关注的是游客对活动的整体感受和评价。评估者可以通过问卷调查、现场采访等方式收集游客的意见和建议，了解游客对活动内容、服务质量等方面的满意度，从而为后续活动的开展提供参考。

5. 创新性评估

创新性评估主要考察活动的新颖程度和独特性。评估者可以通过此项评估了解活动在吸引游客、提升品牌形象等方面的潜力。

综上所述，对节事旅游活动进行效果评估需要评估者综合考虑多个方面和维度，以确保评估结果的全面性和准确性。评估结果可作为改进活动流程、优化活动内容的

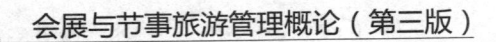

重要参考和依据。

四、节事旅游策划的一般方法

节事旅游策划的首要步骤是明确策划目标、确立策划主题。策划者在确立策划主题前需要深入分析市场情况，从而准确把握策划的核心目标。为了实现这一目标，策划者还需要细致分析现有的环境和资源条件，探索在既有条件下如何有效达成策划目标。这要求策划者充分发挥创新思维能力，制订富有新意的策划方案。

在完成上述任务的过程中，策划者需要采用一系列行之有效的方法。节事旅游策划的一般方法包括以下几种。

（一）市场需求分析法

市场需求分析法是一种旨在通过对旅游市场需求进行深入分析，明确市场对节事旅游的期望与具体要求的方法。采用市场需求分析法有助于策划者明确节事旅游策划所要达成的核心目标。通过对目标市场进行细致的调查与研究，策划者可以了解目标市场对节事旅游活动的需求、游客偏好的活动类型和活动形式，以及现有的节事旅游活动对游客的吸引力等。此外，策划者还能借助市场调查了解节事旅游的主要受众群体以及市场规模的大小。

在调查市场需求的过程中，策划者能够了解到哪些因素不利于节事旅游活动的开展，从而提前制定应对策略，避免资源浪费。总而言之，市场的反馈意见是一种宝贵的资源，它可以为策划者提供决策依据。

（二）资源分析法

策划者可以通过对节事旅游活动举办地的资源进行全面分析，清晰地识别各项资源的优势与劣势。策划者可以基于这些资源的基本情况，对能够用于开发节事旅游活动的资源进行梳理，并依据这些资源确定节事旅游活动的主题、形式和内容。策划者还可以进一步细化这些资源的开发利用方案，考虑如何将资源优势转化为吸引游客的亮点。这可能涉及对现有资源的创新整合，比如将自然景观与人文历史深度融合，打造独具特色的旅游体验项目；或是利用现代科技手段，为传统的节事旅游活动增添互动性和趣味性，提升游客的参与度和满意度。

（三）头脑风暴法

在运用头脑风暴法时，策划者可以通过组织座谈会将专家们的意见和建议进行系统的汇总，并形成统一的结论。在座谈会上，专家们可以充分运用创造性思维，集思广益，为节事旅游活动的策划提供创新思路，为策划过程中遇到的难题提供解决方案，共同制订出最佳的策划方案。需要策划者注意的是，策划者在运用此方法时，需要明确节事旅游策划的具体目标。总之，策划者在运用头脑风暴法时，不仅要注重激发专家们的创造性思维，还要确保会议的组织效率，通过精心准备和有效引导，将专家们的智慧充分汇聚起来。

7.5 节事旅游的管理

一、节事旅游管理的主要任务

（一）制定节事旅游活动发展战略

不管节事旅游活动的规模有多大，活动的时间都是有限的。如何克服活动时间的有限性，发挥活动的长期效应，是管理者需要思考的关键问题。为发挥和放大节事旅游活动的长期效应，管理者应当重视标志性节事旅游活动的举办，并注重节事旅游活动的系列化运作。

1. 举办标志性节事旅游活动

标志性节事旅游活动是一种重复举办的、有助于展示活动举办地良好形象的节事旅游活动。举办标志性节事旅游活动有助于活动举办地赢得市场竞争优势。随着时间的推移，标志性节事旅游活动将逐渐成为活动举办地的文化名片。

2. 节事旅游活动的系列化运作

节事旅游活动系列化运作的基本策略包括活动类型多样化和活动时间系列化两个方面。一般来说，管理者和策划者可以依据节事旅游活动的以下四个特点策划不同规模、不同类型的系列节事旅游活动。

① 节事旅游活动具有文化性。节事旅游活动应重点展示地方文化，并成为传播地方文化的重要载体。

② 节事旅游活动具有综合性。管理者和策划者应综合考虑活动的经济效益和社会效益。

③ 节事旅游活动具有动态性。活动的时间安排应当体现节事旅游活动的动态性，不同阶段的活动应当有不同的主题和特色。

（二）明确节事旅游活动的运作策略

节事旅游活动的运作策略包括品牌化运作、市场化运作与提高权威性这三大基本策略。

1. 品牌化运作

管理者应当把节事旅游活动作为一个品牌来进行运作。品牌化运作的基本内涵包括以下三个方面。

① 产品化。管理者需要把节事活动视为一个产品，明确产品定位，进行商业化运营。

② 体系化。管理者需要建立和完善节事旅游活动产品开发体系与创新体系。

③ 产权化。管理者需要注重节事旅游活动品牌的打造和知识产权保护。

2. 市场化运作

进行市场化运作的基本要求包括以下几点。

① 政府需要建立专业的节事旅游活动管理部门。

② 政府需要设立节事旅游活动专项资金，为节事旅游活动的举办提供公共服务方面的保障。

③ 由专业的策划公司负责节事旅游活动的运作。

④ 策划公司需要聘请富有经验的专业人士策划节事旅游活动。

3. 提高权威性

具有权威性的节事旅游活动往往能够吸引更多的投资者与赞助商的关注。提高节事旅游活动的权威性的方法包括以下几点。

① 对已举办的节事旅游活动的效应进行评估和分析，吸取经验和教训。

② 开展节事旅游活动投资的相关研究及可行性论证，提高活动的投资吸引力。

③ 获得当地群众与地方政府的支持。

（三）确定节事旅游活动的运作模式

节事旅游活动的运作模式主要包括以下几种。

1. 政府包办

政府包办模式曾是众多城市（尤其是小城市）在举办节事旅游活动时所采用的运作模式。该模式的特点是，政府部门在节事旅游活动的策划、组织及实施的过程中扮演策划者、组织者、参与者等多重角色，节事旅游活动的主要内容、场地选择、时间安排及参与单位均由政府部门决定。采用政府包办模式不仅会给政府部门带来较大的负担，还会削弱节事旅游活动的市场活力和创新潜力。

2. 政府部门、专业协会联合举办

这种模式是当前众多节事旅游活动广泛采用的模式，它既保留了政府包办模式的一些特征，又融入了市场化运作的部分元素。政府部门与专业协会的紧密合作有效整合了行政资源与专业优势，确保了节事旅游活动在规划、组织、执行等各个环节的高效率与高质量。政府部门负责提供政策指导、资源调配以及安全保障，为活动的顺利开展奠定了坚实的基础；而专业协会则能够利用其行业影响力扩大活动的知名度，使活动具备较高的市场吸引力和商业价值。

3. 市场化运作

活动举办者举办节事旅游活动的核心目标之一是获得经济利益，因此，越来越多的节事旅游活动向着市场化的方向发展。

市场化运作模式的优势主要体现在以下两个方面。

第一，实行市场化运作有助于节约成本。在节事旅游活动的策划与执行过程中精准把握市场需求、合理选择时间与地点、采用高效的宣传方式，有助于大幅降低运营成本，有效避免行政干预可能造成的资源浪费。

第二，实行市场化运作有助于实现收益最大化。这里所提到的收益不仅涵盖了经济利益，还包括政府形象的提升以及为活动举办地带来的广泛的社会效益。

4. 政府引导、社会参与、市场化运作

政府引导、社会参与、市场化运作相结合的模式是一种与我国国情相契合的节事旅游活动运作模式。该模式的特点表现为以下几个方面。

① 政府部门在节事旅游活动的举办上依然占据主导地位。作为重要的主办方，政府部门主要负责确定节事旅游活动的主题与名称，并以政府部门的名义进行宣传和推广。总的来看，政府部门主要发挥的是引导的作用。

② 政府部门会广泛动员社会各界力量共同参与节事旅游活动。社会力量在活动氛围的营造、活动的组织等方面都发挥着不可或缺的作用。

③ 市场化运作是该模式的核心所在。节事旅游活动的部分任务可以由相关企业完成。实行市场化运作能够吸引更多企业积极参与节事旅游活动，这不仅有助于提升企业的知名度和影响力，还能有效提高活动的运作效率。

青岛国际啤酒节、潍坊国际风筝会、广州国际美食节都采取了政府引导、社会参

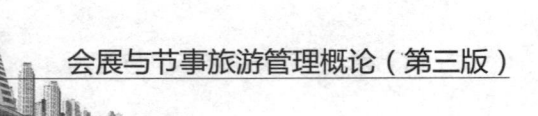

与、市场化运作相结合的运作模式。

> **知识链接**
>
> ## 节事旅游管理应注意的问题
>
> 针对我国节事旅游活动的实际情况，管理者在进行节事旅游管理时应注意以下几个方面。
>
> 1. 市场研究
>
> 管理者应当从节事旅游活动的特性出发，对其所处的特定市场进行研究，在确定目标市场后，以服务游客为核心，根据市场情况明确市场定位。
>
> 2. 资本运营
>
> 在运作节事旅游活动的过程中，管理者可以采用资本运营的方式，对节事旅游活动进行有效的管理。同时，对节事旅游活动所涉及的知识产权进行资本化保护、深度开发及广泛应用也是管理者不可忽视的。
>
> 3. 规划节事旅游活动
>
> 由于节事旅游活动的举办涉及诸多因素，管理者应当在活动举办前对节事旅游活动和其所衍生的旅游活动进行细致的规划。规划节事旅游活动的主要工作内容包括明确具体任务、开展形势分析、设定活动目标、明确主要战略、建立管理系统等。
>
> 4. 整体协作
>
> 鉴于节事旅游活动（尤其是大型节事旅游活动）的运作牵涉到众多部门及企业，管理者应当做好整体协调的工作，以确保节事旅游活动的顺利开展。管理者应当充分利用各方资源，提升节事旅游活动的综合效益。

二、节事旅游活动的运作规律

节事旅游活动通常具有明确的主题和多样化的形式。它们在特定的地点定期或不定期举办。节事旅游活动通常能够以独特的魅力吸引大量游客、聚集人气，并在短时间内产生强大的宣传效果，有效提升活动举办地的知名度。深入了解节事旅游活动的运作规律对于优化管理、提升活动质量至关重要。

一般来说，管理者需要了解以下几个方面的运作规律。

（一）与活动影响力相关的运作规律

节事旅游活动的影响力受到多种因素的制约，如活动的性质、规模和知名度等。同时，活动的影响范围还受到举办历史的长短、活动举办地与受众的地理距离的影响。活动的档次和规模则对节事旅游活动的影响力起着决定性作用。国际性节事旅游活动的影响力通常大于国内节事旅游活动的影响力，综合性节事旅游活动的影响力通常大于专业性节事旅游活动的影响力。

（二）与举办历史相关的运作规律

一般来说，节事旅游活动的举办历史越长，其知名度越高。以青岛国际啤酒节为例，1991年第1届青岛国际啤酒节吸引了约30万名中外游客，2024年第34届青岛国际啤酒节吸引了约600万名中外游客，其知名度和影响力逐年提升。

（三）与活动吸引力相关的运作规律

节事旅游活动的吸引力主要取决于其活动项目的创新性和多样性。如果活动项目缺乏新意，节事旅游活动就会逐渐失去吸引力。因此，为了确保节事旅游活动具有吸引力，管理者必须在保持传统特色的同时不断创新，引入符合时代潮流的活动项目。

（四）与经济效益相关的运作规律

节事旅游活动的经济效益会随着其生命周期的变化而变化。就新创办的节事旅游活动或处于成长期的节事旅游活动而言，活动举办方往往需要投入更多的资金。在初始阶段，其所带来的经济效益可能并不理想。处于成熟期的节事旅游活动具有较为稳固的市场基础，其所带来的经济效益会逐渐增加；然而，如果节事旅游活动进入衰退期，其所带来的经济效益可能会逐渐下降。

知识链接

当前我国节事活动存在的主要问题

当前，全国各地纷纷举办"以节招商、文化搭台、经济唱戏"的节事活动，旨在推介具有地方特色的旅游资源和产品，塑造城市整体形象，从而推动城市经济的快速发展。这一趋势已在全国范围内蔚然成风。然而，在节事活动发展迅速、层出不穷的同时，我们不难发现其中也暴露出了一系列亟待解决的问题。

当前我国节事活动存在的问题主要表现为以下几个方面。

1. 品牌知名度高且具有国际影响力的节事活动相对较少

无论是北京、上海这样的一线城市，还是二线、三线城市，都会举办各种类型的节事活动，且举办的数量在持续增长。这说明各地普遍认识到了举办节事活动给城市发展带来的诸多积极影响。然而，我国的节事活动普遍存在品牌知名度较低、举办届数较少的问题，能够持续举办并且具有国际影响力的节事活动更是屈指可数。目前，仅有为数不多的几个高规格、大规模、高品位、高档次的节事活动（如青岛国际啤酒节）已经发展为国际知名的节事活动。

2. 地域分布不均衡

节事活动的举办与城市的经济发展情况关系紧密。由于我国各地的社会经济发展情况存在一定的差异，我国节事活动在地域分布上也呈现出不均衡的特点。其具体表现为东部地区举办的节事活动多，西部地区举办的节事活动少。

3. 活动主题雷同，缺少富有特色的节事活动

缺乏特色是许多节事活动效益不佳的首要原因。对于参与节事活动的游客而言，活动的主题是否具有独特性是决定其是否参与活动的重要因素。想要打造节事活动的品牌并拓宽市场，就要确立独特的主题。然而，当前我国的节事活动主题同质化严重。例如，以茶文化为主题的节事活动就有重庆永川国际茶文化旅游节、安溪开茶节、蒙顶山茶文化旅游节等；此外，北京、上海、成都等城市都举办过与桃花有关的节事活动。地理状况类似的城市往往在自然条件、自然资源等方面具有相似性，这也是很多节事活动主题雷同的原因之一。

4. 市场化运作机制不完善

从本质上讲，节事活动属于经济活动。活动举办方在推进市场化运作时，应遵循市场经济的基本规律和原则，实现资金筹措多元化、业务操作社会化、经营管理专业化、活动承办契约化、活动管理规范化等。

当前，我国节事活动的运作方式还存在着不少问题。我国的节事活动往往由政府部门主办，由企业主办或承办的节事活动较少。这种做法会使政府的财政负担较为沉重。同时，政府部门的过度干预可能会降低企业参与节事活动的主动性和积极性。一些企业为提高知名度而为节事活动提供赞助，但由于我国部分节事活动的投

资回报机制尚不完善，企业的投资回报率普遍较低。

5. 节事活动的文化内涵有待深入挖掘

当前，我国的很多节事活动都以"文化搭台、经济唱戏"为宗旨，这就导致人们在追求经济效益的过程中忽视了对文化内涵的深入挖掘。例如，许多传统节事活动被过度地融入了商业元素。此外，部分节事活动掺杂了一些与主题关联度不高的活动，如模特大赛、健美比赛等。这些活动虽然能够营造热闹的氛围，吸引人们的关注，但普遍缺乏深厚的文化内涵。从长远来看，若节事活动包含过多的与主题关系不紧密的活动，节事活动的主题性就会被削弱，其整体的文化价值就会降低。

章前案例分析

第26届北京平谷国际桃花节的成功举办主要得益于以下几个方面。

第一，北京平谷国际桃花节拥有深厚的历史积淀。经过长期的积累和沉淀，北京平谷国际桃花节已经发展成为国内知名的综合性文化活动品牌。这种品牌效应提升了活动的知名度。

第二，北京平谷国际桃花节的活动内容丰富多样，满足了游客的多元化需求。从真情放歌到海景灯光秀、花海结缘，再到汉服体验、美食快乐购，一系列为游客量身定制的活动给游客提供了全新的体验。这种多样化的活动内容使游客在享受美景的同时，也能感受到浓厚的文化氛围。

第三，北京平谷国际桃花节的创新举措也为活动的成功举办提供了有力保障。如"桃花护照"的推出不仅为游客提供了更多福利，也进一步推动了平谷旅游业的发展。同时，精心装饰的电音巴士、欢歌大舞台等创新设施也为游客提供了全新的旅游体验。

第四，平谷推出的优惠政策为活动的成功举办提供了有力支持。从设置免费停车场、配备便捷的赏花摆渡车，到推出系列优惠政策和服务措施，都体现了活动主办方对游客需求的关注。

本章小结

本章阐述了节事旅游策划的基本特征、基本要素及基本原则，分析了成功举办节事活动的条件、筹办节事活动的主要环节、节事旅游活动的策划流程和节事旅游策划的一般方法，对节事旅游管理的主要任务、节事旅游活动的运作规律进行了系统论述。

复习思考题

一、名词解释

节事旅游策划

二、简述题

1. 节事旅游策划的基本特征有哪些？
2. 节事旅游策划的基本要素有哪些？
3. 节事旅游策划的基本原则有哪些？
4. 节事旅游管理的主要任务有哪些？

三、论述题

1. 节事旅游策划的一般方法有哪些？
2. 成功举办节事活动的条件有哪些？

四、案例分析

请通过以下案例分析节事活动与自然环境、人文环境、经济环境和发展需求的关系。

节事活动与自然环境之间的关系

在我国东北地区，由于冬季气候寒冷且冰雪资源丰富，哈尔滨等地会举办冰雕节、冰雪节等有关活动。这些节日的举办与当地的气候环境紧密相关，因为气候温暖的低纬度地区是很难举办此类冰雪活动的。在我国西南地区，很多少数民族聚居区都有举办火把节的传统。在火把节期间，大家会欢聚一堂，身着节日盛装，手持火把。火把节之所以在西南地区盛行，主要是因为这些地区大多处于高原地区，夜里气温较低，点燃火把既可以照亮四周，又可以驱寒保暖。此外，维吾尔族、塔吉克族、哈萨克族盛行的节事活动大多与草原有关。由此可见，不少节事活动的形成都与当地的自然环境密切相关。

节事活动与人文环境的关系

寒食节和端午节是我国的传统节日。寒食节纪念的是春秋时期晋文公的大臣介子推。晋文公流亡在外十几年。晋文公当上国君后，决定重赏介子推，但介子推秉性清高，背着年迈的母亲在山上过起了隐居的生活。晋文公为了逼介子推出山，下令放火烧山，结果介子推因此而死。晋文公为感念忠臣之志，将其葬于绵山，修祠立庙，并下令在介子推死难之日禁火，以此纪念介子推。于是便有了寒食节吃冷食的习俗。端午节又名端阳节，其纪念的是楚国诗人屈原。屈原于五月初五投汨罗江而死，为了纪念他，人们先是将装有米的竹筒投入江中，后来又改为把粽子投入江中。相传扎粽子的五色丝可以使江中的蛟龙害怕，有消灾的作用，后来人们便在端午节之际将五色丝系于小孩的脖颈、手腕和脚踝处。

节事活动与经济环境之间的关系

扬州位于京杭大运河和长江的交汇处，是重要的漕运中心。在古代，扬州的盐运业十分发达，许多人以此为生。在盐船开运前，扬州等地会举办盛大的庆典活动。庆典活动往往热闹非凡，运河两岸被装饰得五彩斑斓，船只排列得十分整齐，其热闹程度甚至超过了其他传统节日。这些庆典活动的举办与扬州的经济环境有很大的关系。同样地，浙江省湖州市长兴县举办的茶文化节也与经济环境密切相关。浙江省湖州市长兴县拥有顾渚山和金沙泉这两大自然资源，顾渚山上的紫笋茶曾是唐宋时期的贡品。此外，浙江省湖州市长兴县还有我国最早的皇家茶厂——大唐贡茶院。为了开发旅游、振兴经济，浙江省湖州市长兴县举办了茶文化节，并取得了显著的成效。这些节事活动的形成和发展都与当地的经济环境息息相关。

节事活动与发展需求之间的关系

节事活动与各个时期、各个地区的发展需求联系紧密。例如，乌镇凭借其深厚的文化底蕴和独特的自然景观吸引了国内外众多戏剧大师和艺术界、文化界人士的关注。为了充分利用这一独特资源并促进当地经济的发展，乌镇决定举办戏剧节，旨在通过戏剧艺术的交流与展示，进一步挖掘和弘扬地方文化特色。乌镇戏剧节的策划与举办紧密贴合了当地文化旅游产业的发展需求，不仅为戏剧爱好者提供了一个高质量的观赏与交流平台，也带动了周边餐饮、住宿、交通等相关行业的发展，为乌镇带来了显著的经济效益和社会效益。乌镇戏剧节举办期间，乌镇不仅展示了其作为历史文化名镇的独特魅力，还通过举办各类戏剧工作坊、讲座、论坛等活动，推动了戏剧文化的普及。此外，乌镇戏剧节还积极引入国际戏剧元素，以加强与国际戏剧界的交流与合作。

第八章
奖励旅游策划与管理

学习目标

知识目标

- 掌握奖励旅游策划的基本特征;
- 了解奖励旅游策划的基本要素;
- 掌握奖励旅游策划的工作内容;
- 了解奖励旅游管理的相关内容。

技能目标

- 能够运用奖励旅游策划的相关知识撰写奖励旅游策划方案。

关 键 词

- 奖励旅游策划、奖励旅游管理

案例导入

香港奖励旅游案例

1. 泸州老窖奖励旅游团

泸州老窖于2023年8月带领了1250名业绩突出的经销商员工到香港进行奖励旅游。他们于2023年8月9日至31日分5批来港，除了游览了香港的西九文化区，还乘坐游轮畅游了维多利亚港。他们称此行让人收获满满，使他们感受到了香港作为奖励旅游目的地的持久吸引力和国际魅力。

2. 印度保险公司奖励旅游团

2023年4月12日至15日，香港接待了由200多名游客组成的印度奖励旅游团，这些游客来自一家名为Aditya Birla Sun Life Insurance的保险公司。

这家公司每年举办6~7个国际奖励旅游活动，以奖励杰出的员工，香港是这家公司选择的奖励旅游目的地之一。访港期间，该旅游团除了举行了工作会议和颁奖晚会，还体验了新一代山顶缆车，参观了西九文化区，并在香港迪士尼乐园畅玩。香港作为美食天堂，拥有众多类型的餐厅，这使他们能够在玩乐的同时大快朵颐。游客们在行程中也不忘在香港这个购物天堂尽享购物带来的愉快体验。

8.1 奖励旅游的策划主体

奖励旅游过去主要由旅游公司自行策划。奖励旅游与常规旅游有许多相同之处，但奖励旅游的运作相对复杂。随着奖励旅游的快速发展，国外出现了许多专业的奖励旅游机构。这些机构既包括具有官方背景的奖励旅游局，也包括具有企业性质的专业组织。在美国，奖励旅游机构也被称为"动力所"（motivational house）。它们主要负责为计划组织奖励旅游的公司策划奖励旅游活动。

在国际范围内，具有企业性质的从事奖励旅游业务的机构主要分为三类，即全方位服务奖励旅游公司、完成型奖励旅游公司和奖励旅游部。

全方位服务奖励旅游公司提供的是全方位的服务，其服务涵盖召开销售动员会、明确销售定额、组织奖励旅游等。其所提供的服务非常全面，且服务的持续时间较长。

完成型奖励旅游公司主要专注于奖励旅游活动的安排，公司的规模相对较小。一些完成型奖励旅游公司是由全方位服务奖励旅游公司的前任管理者创立的。

奖励旅游部是指旅游公司内部专门负责奖励旅游业务的部门，这些奖励旅游部通常有能力为企业提供专业的奖励旅游策划服务。

8.2 奖励旅游策划的特征及要素

一、奖励旅游策划的基本特征

奖励旅游策划的基本特征表现为以下几个方面。

（一）目的性

进行奖励旅游策划首先需要策划者明确策划的目标。没有明确的策划目标，策划的方向就很容易出现偏差，策划方案就会缺乏可行性。

（二）系统性

奖励旅游策划的系统性表现为策划者需要对市场环境及企业的自身条件进行全面、准确、系统的分析与判断。缺乏这样的分析与判断，策划者就无法明确策划方向，无法制订出有效的产品组合方案和实施方案。

（三）指向性

奖励旅游策划必须以游客为核心。策划者需要根据游客的需求、行为和心理来制订策划方案。奖励旅游策划主要面向的是当前的目标群体和潜在的目标群体。奖励旅游活动的开展能否充分满足游客的需求是判断奖励旅游策划成功与否的关键。

（四）可操作性

如果策划方案无法实施，那么无论其创意多么独特、巧妙，都只是纸上谈兵。实施不具有可操作性的方案往往会浪费大量的人力、物力和财力，增加管理的复杂性。

因此，策划者在进行奖励旅游策划时，必须结合实际情况，设计出切实可行、易于操作的策划方案。

（五）灵活性

奖励旅游策划本质上是一种超前性工作。策划者无法预见所有的变化，其在实际工作中难免会遇到策划方案的内容与现实情况不符的情况。因此，执行者需要在实施策划方案的过程中根据实际情况对策划方案进行灵活调整和优化。这就要求奖励旅游策划方案具有一定的灵活性，使执行者能够灵活应对各类问题。

（六）创新性

在进行奖励旅游策划的过程中，策划者需要在观察、分析的基础上，借助创新性思维确定活动主题，并围绕活动主题设计出一系列具体且富有创意的行动方案。由此可见，奖励旅游策划的整个过程都离不开创新。

（七）程序性

奖励旅游策划是策划者围绕特定市场目标展开的有序活动，这意味着奖励旅游策划需要按照一定的程序进行。虽然按照一定的程序开展策划工作可能会耗费策划者较多的时间和精力，但这样做能够有效地减少失误，确保策划的合理性。因此，在奖励旅游策划中，策划者应明确实现策划目标的具体步骤和流程，确保每个环节的安排都科学合理。如果策划者未事先明确奖励旅游策划工作的具体流程，策划工作就很难顺利开展。

二、奖励旅游策划的基本要素

奖励旅游策划主要面向的是奖励旅游市场，因此，与常规的旅游策划相比，其策划过程具有一定的特殊性。一般来说，奖励旅游策划包含以下几个基本要素。

（一）策划主题

策划者需要对奖励旅游策划的主题进行选择和提炼。这需要策划者具备深厚的文化底蕴和敏锐的市场洞察力。策划者不仅要了解文学、历史、哲学、地理、社会学等多个领域的知识，还要能够将这些知识巧妙地融入主题策划中，使主题既具有文化内涵，又能吸引目标群体的兴趣。

（二）功能定位

在进行奖励旅游策划的过程中，明确功能定位的主要目的是明确奖励旅游的主要目的和核心价值，以指导整个策划过程，确保活动的成功实施和预期目标的达成。策划者需要深入分析现有条件，全面调研和预测市场发展状况，准确把握旅游市场的发展规律，并在此基础上明确奖励旅游的功能定位。

（三）项目设计

进行项目设计时，策划者需要根据游客的特定目标和需求，以及游客的兴趣和期望，制订详细的奖励旅游计划，确定具体的活动安排。项目设计是一个复杂且细致的过程，需要策划者充分考虑多个方面的因素。在进行项目设计的过程中，策划者需要根据旅游目的地的特色和企业目标设计活动内容，确保活动既具有吸引力，又能有效展现企业文化。

8.3 奖励旅游策划的基本原则

奖励旅游不同于传统的团队旅游。组织奖励旅游是一种现代管理手段。它是企业用来奖励优秀员工或重要客户的一种方式。企业可以通过组织奖励旅游提高员工和客户对企业的忠诚度，提升企业的内部凝聚力。为了帮助企业实现这些目标，策划者在策划奖励旅游时应遵循一系列的原则，确保参与者能获得良好的旅行体验，从而帮助企业达到促进团队建设、塑造企业文化、提高企业业绩的目的。

奖励旅游策划的基本原则包括以下几点。

一、主题明确且富有吸引力

奖励旅游涉及两个主体，一是奖励旅游的参与者，二是组织奖励旅游的企业。因此，策划者在策划奖励旅游时，不仅要为参加奖励旅游活动的员工或客户设计个性化的旅游项目，还要特别考虑企业的特殊需求，为奖励旅游设计一个明确且富有吸引力的主题。这样做的目的是塑造企业文化，加强企业的凝聚力，激励员工与客户，从而达到组织奖励旅游的预期效果。

华为曾为了奖励业绩突出的团队，组织员工参加以北欧为目的地的奖励旅游活动。此次奖励旅游活动结合了华为的科技特色，安排员工参观了当地的科技博物馆和创新企业，让员工了解了全球科技发展趋势；同时，员工们也尽情领略了北欧壮丽的自然风光，如挪威的峡湾、芬兰的极光等。这次奖励旅游既拓宽了员工的视野，又让员工们感受到了自然之美。奖励旅游的行程中还包括交流研讨会和高端商务晚宴，这也为员工提供了拓展人脉和交流合作的机会。此次奖励旅游突出了科技与创新的主题，员工们在活动中不仅感受到了轻松愉快的旅行氛围，还深刻感受到了科技与创新的魅力。

二、体现个性化

常规的观光和购物已经不足以满足奖励旅游参与者的旅行需求。为了提升参与者的旅行体验，策划者应当在行程中融入一些能激发参与者热情的特色活动。这类活动可以是颁奖典礼、主题晚宴等具有商务性质的活动，也可以是野外拓展等旅游项目。

国内的某家旅游公司曾为一个国外奖励旅游团策划了一个寻宝活动。参与者需要先到前台找到一个穿红色衣服的人并获取一张纸条，然后根据纸条上的提示寻找线索。例如，当纸条上写着"请回到房间寻找任务单"时，参与者需要返回房间找到任务单。之后，他们需按照任务单上的指引前往指定地点，再寻找下一个线索。由于纸条上的字都是汉字，参与者需要不断向周围的中国人求助。

三、突出企业文化

普通的旅游团通常关注的是服务和旅行体验，而奖励旅游团则有所不同。奖励旅游的每一项活动都需要体现企业文化，因为组织奖励旅游在某种程度上也是一个对外展示企业形象的机会。

例如，某旅行社长期负责日本大金空调公司的年度奖励旅游项目。在奖励旅游的相关行程中，无论是接待地点的布置，还是典礼和晚宴的布置，都体现了"大金之旅"的字样。再比如，有的旅行社为了组织一个奖励旅游项目租用了一架飞机，飞机内部的靠枕印有该企业的标志；到达目的地机场时，参与者也能看到印有企业标志的横幅。

四、鼓励员工家属的参与

受奖励员工所取得的成绩离不开家庭的支持，因此，很多企业在组织奖励旅游时允许员工携带自己的家属。受奖励员工往往也愿意与家人共同分享这份荣誉。美国的一项调查显示，大部分受奖励员工是已婚男性，超过90%的受奖励员工在外出旅游时会带上自己的配偶，约25%的受奖励员工在外出旅游时会带上孩子。允许受奖励员工携带家属出游不仅有助于他们在未来获得更多家庭方面的支持，还能增强他们对公司的认同感，使他们更加热爱工作并在工作上投入更多的热情。同时，允许受奖励员工携带家属出游也能激发未受奖励员工对奖励旅游的渴望，从而激励他们更加努力地工作。

花旗银行在新加坡组织奖励旅游时，为了给表现突出的员工一个惊喜，悄悄邀请了他们的家人来到新加坡参加此次旅行。据当事人回忆，在奖励年会上，当主持人邀请坐在台下的员工家属上台，与员工一起分享这份荣誉时，员工与亲人紧紧拥抱，激动得泪流满面。

8.4 奖励旅游策划的工作内容

一、奖励旅游策划的准备工作

奖励旅游在我国具有很大的发展潜力。在着手策划某个具体的奖励旅游项目之前，策划者必须做好充分的准备工作，明确奖励旅游的主要客源市场，确定合适的奖励旅游目的地，使参与者的各项需求得到充分满足。

（一）分析奖励旅游的主要客源市场

1. 国际奖励旅游的主要客源市场

国际奖励旅游的客源市场主要集中在北美地区、欧洲地区和亚太地区。有能力组织大规模国际长途奖励旅游的企业通常是实力强大的大中型企业，尤其是跨国公司。这些企业主要从事的是高利润行业，比如汽车、计算机、金融、传媒、食品、医药等行业。从事这些行业的企业是我国旅游公司在开拓国际奖励旅游市场时需要关注的主要目标客户。

2. 国内奖励旅游的主要客源市场

我国奖励旅游的起源和发展与国内的外资企业及跨国公司息息相关。目前，国内的一些企业还未认识到组织奖励旅游的积极意义，这使得国内奖励旅游市场的开发具有一定的挑战性。因此，选择相对成熟、有潜力的奖励旅游目标市场并对其进行开发是一个比较合理的策略。当前，国内奖励旅游的客源主要集中在外资企业、合资企业和民营企业。由于受到政策等相关因素的影响，国有企业奖励旅游市场的开拓难度较大。在国内，组织奖励旅游的企业主要是计算机、电子通信、房地产、医疗、家用电器制造、汽车、金融、食品等行业。

由于各地的奖励旅游市场的具体情况有所不同，旅游公司在开发奖励旅游项目时应当对本国、本地区的客源市场进行深入的调查、研究和分析。

（二）选择奖励旅游目的地

奖励旅游的策划者在选择奖励旅游目的地时应当考虑以下问题。

① 该地的气候是否适宜。
② 出行是否便利。
③ 该地有哪些知名景点。
④ 人们对该地的印象如何。
⑤ 该地是否有适合举行会议的场地。
⑥ 前往该地要花费多少交通费用。

全球知名的奖励旅游目的地通常具备环境优美、文化底蕴深厚、服务水平高、接待设施完善等特点。这些地方大多位于自然风光优美的地区或现代化大都市。例如，地中海沿岸地区、北欧地区、东南亚地区、加勒比海地区、南美洲的沿海地区和山区。受到我国企业青睐的海外奖励旅游目的地有新加坡、马来西亚、泰国、印度、韩国、日本等国家。受到我国企业青睐的国内奖励旅游目的地包括香港、澳门、北京、上海、西安、桂林、杭州、昆明等城市。

知识链接

奖励旅游策划需要注意的问题

进行奖励旅游策划时，组织奖励旅游的企业和策划者需要注意以下几个问题。

1. 确保预算充足

组织奖励旅游需要足够的资金作为支撑，因此，企业在策划之初就必须确保有充足的预算来支持整个活动的顺利进行。

2. 明确目标

在组织奖励旅游之前，企业的首要任务是为员工设定一个目标，达成目标的员工才有资格参加奖励旅游。目标应由企业的管理者制定。目标可以具有一定的挑战性，但企业应当确保部分员工在努力后能够达成目标。同时，这个目标应当是一个量化的目标，并且企业应当明确时间方面的要求。例如，某个电器公司可以设定一个销售目标，如在特定时间段内家用空调的销售额达到一定的金额，达成目标的销售人员就能获得参加奖励旅游的资格。

3. 责任明确到人

为了确保奖励旅游的顺利开展，组织奖励旅游的企业需要指定专人负责这项工作。同时，旅游公司也应安排专门的工作人员与企业的工作人员进行合作，共同推进相关工作。

4. 缩短达标期限

奖励旅游的达标期限是指从企业向员工宣布奖励旅游活动的相关事宜到员工达到参加奖励旅游的标准的这段时间。一般来说，缩短达标期限往往会达到更好的效果，因为长时间的等待可能会让员工对奖励旅游失去兴趣。大多数奖励旅游的达标期限被设定为3~6个月，很少有企业将达标期限设定为1年甚至更长时间。

5. 重视宣传

在企业内部对奖励旅游进行宣传是一项至关重要的工作。如果公司内部没有人意识到这个活动的意义或对此感兴趣，那么组织奖励旅游的价值就会降低。因此，企业应当充分利用内部的各种资源和渠道，加强对奖励旅游的内部宣传，确保奖励旅游的组织能够达到预期的激励效果，提升员工的凝聚力和工作积极性。

6. 合理选择时间

奖励旅游应被安排在不影响公司正常经营活动的时间段。企业和策划者在选择具体时间时，既要利用旅游淡季的低价优势，又要考虑参与者的旅游意愿。这两个方面有时可能会产生冲突，因此企业和策划者需要作出适当的妥协。

7. 挑选合适的目的地

在选择奖励旅游目的地时，企业和策划者需要进行细致的考虑，确保所选地点既富有吸引力，又符合参与者的喜好。因此，在确定奖励旅游目的地之前进行调研是很有必要的。

8. 提供高质量服务

在策划奖励旅游的过程中，企业和策划者应确保参与者能够在旅行期间享受到周到的服务，让每一位参与者都能感受到企业的关怀与尊重。

9. 为参与者带来难忘的体验

为了让奖励旅游给参与者留下深刻的印象，企业和策划者需要精心策划、安排各项活动。无论是主题宴会、专题研讨会还是欢迎宴会，都应该给参与者带来难忘的体验。

10. 增强参与感

与以往的游客相比，现在的游客更希望通过旅行感受不同的文化，从而丰富自己的人生阅历。因此，企业和策划者在策划奖励旅游的过程中，需要提高活动的参与性，通过组织各种具有互动性、趣味性的活动，给参与者留下难忘的回忆。

二、奖励旅游策划的主要任务

与一般的游客相比，奖励旅游参与者的需求更为复杂多样，因此，策划者需要投入更多的时间和精力进行奖励旅游策划。策划者需要进行充分、细致的规划，精心设计活动的每个细节。奖励旅游策划的主要任务包括以下几个方面。

（一）成立奖励旅游策划团队

旅游公司在着手进行奖励旅游策划之前需要组建一个策划团队。团队管理者需要深入了解组织内部各部门的职能，并据此全面规划各部门的具体分工。通常情况下，奖励旅游策划团队由旅游奖励公司的高层领导直接领导或监督，并由各部门1~2名熟悉本部门工作的人员组成。

（二）设定目标

在策划工作中，策划目标指的是策划者希望获得的预期结果。目标既是策划的出发点，也是策划所要达到的终点。设定目标能够在策划工作中起到以下作用。

1. 指引策划方向

如果没有明确的目标，策划者就会失去方向，也就无法制订出科学合理的策划方案。策划工作所涉及的内容非常广泛，策划者如果不去设定具体的目标，就会感到无所适从。

2. 汇聚策划灵感

策划需要灵感，而灵感来源于信息的组合。目标设定完成后，策划者就能根据目标更好地收集信息并寻找灵感。

3. 激发动力

目标通常是美好且令人向往的，它能激励策划者不断付出努力。

4. 提供评估依据

在实施阶段，策划者需要对策划效果进行评估。若当前所达到的策划效果与预期目标相符，相关工作就可以继续推进；若当前所达到的策划效果与预期目标不相符，策划者就需要对策划方案进行相应的调整。

（三）明确主题

确定奖励旅游的主题至关重要。主题是对活动内容的概括，也是活动目标的具体体现。主题将贯穿整个奖励旅游策划的始终，起到指导的作用。明确主题有助于确保所有具体活动都紧密围绕一个中心思想展开。

设计主题是一项需要策划者发挥创造力的工作。策划者需要综合考虑多个因素，如活动目标、地方特色、游客偏好等，精心构思一个富有吸引力的主题。例如，以香港为目的地的奖励旅游的主题可以与美食文化、流行文化等内容有关。在规划奖励旅游行程前，策划者就应该开始酝酿主题，待行程安排、专项活动等确定下来以后，再最终确定一个既符合活动内容又具有吸引力的主题。

（四）信息分析

奖励旅游的策划者通常需要分析以下几类关键信息。

1. 策划主体的实际情况

在进行奖励旅游策划时，策划者应对自己所在的公司的实际情况进行分析，这包括但不限于公司的品牌定位、核心竞争力、过往项目经验、内部资源调配能力。通过深入分析这些信息，策划者能够明确自身的优势、劣势和能够把握的机会，从而在策划中扬长避短，设定明确的目标，并作出有针对性的安排。

2. 企业的需求

策划者要分析企业的需求，这是策划奖励旅游的重要一环。策划者需要了解的信息包括以下几点。

（1）组织奖励旅游的目的

不同企业组织奖励旅游的目的是不同的。策划者应根据企业组织奖励旅游的目的来进行策划，根据企业的奖励目标来确定参与人数，协助企业进行内部宣传、确定具体名额，以提供更好的产品与服务。

（2）企业特性

策划者应当细致了解企业的特性，如企业的核心价值观、品牌定位、市场定位、产品或服务的特点、企业文化等。细致了解企业的特性是使策划方案科学合理的关键前提。

（3）企业的特殊要求

策划者应了解企业的特殊要求，如团体人数、饮食偏好、在活动组织方面的要求等。这需要策划者提前与企业进行充分的沟通。

3. 市场环境

策划者需要了解国内外旅游市场的供需情况、与奖励旅游相关的政策、市场当前推崇的旅游方式等相关信息。这些信息对制订策划方案、设计旅游线路具有重要的指导作用。了解与市场环境有关的信息能帮助策划者更好地了解游客的主要需求，提升旅游服务的质量和竞争力。

（五）规划资金预算

奖励旅游项目与普通旅游项目在预算方面存在显著差异。奖励旅游是一种为企业量身定制的特殊旅游形式。策划者需要根据企业能够并愿意承担的费用，结合企业的特定需求，设计出令其满意的奖励旅游产品。策划者需要充分发挥主观能动性，根据企业的预算情况，在奖励旅游的活动次数、主题内容、出行时间、住宿和餐饮标准等方面作出相应的调整，进行合理的资金分配。

（六）行程设计与安排

行程设计是奖励旅游策划的重要组成部分，涉及景点参观、项目考察、住宿安排、餐饮安排、购物安排等多个方面。奖励旅游的行程设计与一般团队旅游的行程设计有所不同，它需要策划者依据企业的特点和特定需求，结合旅游资源，为企业量身定制有针对性的行程计划。

策划者需要针对企业的特定需求设计一些富有创意的活动，以帮助企业将其文化理念融入奖励旅游活动中，使整个旅行既富有趣味性又具有主题性。

在设计行程时，策划者应遵循以下几项基本原则。

1. 追求独特性

策划者在设计行程时要重视行程的独特性。策划者不仅要深入了解目标受众的需求和兴趣，还要对旅行目的地有深入的了解。策划者可以在行程中巧妙融合当地的传统文化及特色活动，选择独具特色的住宿地点，并设计一系列别出心裁的体验活动。

2. 体现针对性

策划者应在设计行程的过程中充分考虑企业的特殊要求，并将企业文化与各项活动相融合，针对企业的实际需求打造更具针对性的旅游产品。

3. 兼顾游客需求

策划者在设计行程时应考虑企业中各种类型游客的需求，以确保奖励旅游策划方案的合理性。

4. 提高游客参与性

策划者设计的行程应当能够充分激发游客的兴趣，让游客积极参与其中。

5. 合理控制成本

策划者应当在设计行程时充分考虑企业在奖励旅游成本方面提出的要求，帮助企业合理控制成本。

（七）饮食安排

策划者需要在饮食安排方面考虑以下几点。

1. 确保食品安全卫生

只有食品安全得到保障，游客才能吃得安心、吃得满意。因此，食材采购、运输、烹饪等各个环节都应严格遵守食品安全方面的规定。策划者应当采取有效措施，从而保障食品安全。

2. 设定合理的就餐标准

奖励旅游的就餐标准与企业的活动预算有关，策划者应根据企业的实际情况设定合理的就餐标准。

3. 满足特殊需求

对于有特殊饮食习惯的游客，策划者在饮食安排上应给予特别关注，并尽量满足他们的特殊需求。

（八）住宿安排

策划者在安排住宿时需要考虑以下几个方面。

1. 住宿地点应相对集中

住宿地点相对集中有助于活动期间的统一管理和游客之间的交流。分散住宿可能使游客面临更多的安全风险，而集中住宿则有助于降低这种风险。

2. 住宿地点应尽量靠近旅游景点

住宿地点靠近旅游景点可以减少在交通上所花费的时间，让游客有更充裕的旅行时间，从而获得更好的旅行体验。

3. 设施齐全

住宿场所应当设施齐全，除了应配备基本的生活设施外，还应配备完善的安全设施。

4. 保证住宿安全

策划者应安排专门的工作人员负责安全保卫工作，确保游客的住宿安全。

5. 房间分配要合理

策划者在分配房间时，应明确各类游客的住宿标准。有特殊需求的游客应得到适当的照顾。

（九）交通安排

交通安排是奖励旅游策划的重要环节，策划者需要注意以下几个方面。

1. 安全性

安全是策划者在进行交通安排时要考虑的首要因素。策划者应确保所选的交通方式、交通工具和交通路线能够保障游客的交通安全。策划者应采取相应的安全措施，如为游客购买保险、安排专业的司机和导游、提供紧急救援服务等。

2. 便捷性

便捷性是策划者在进行交通安排时所要考虑的重要方面。策划者应充分考虑游客的出行需求和时间安排，选择最为便捷的交通方式。此外，策划者还要合理安排交通路线，确保游客能够按时到达各个景点和活动场所。

（十）活动安排

奖励旅游所涉及的常见活动有如下几种。

1. 会议

如果企业需要安排会议，旅游公司可以协助企业做好会议的各项筹备工作，包括租赁会议场地、准备会议所需的各种设备（如办公设备、音响设备等）。

2. 培训

将培训与奖励旅游相结合已成为奖励旅游的一个新的发展趋势。许多国外企业选择在奖励旅游期间对员工进行培训。

3. 主题宴会

主题宴会是企业在奖励旅游期间经常组织的一项活动。企业、旅游公司和酒店可以共同进行策划，设计出具有独特风格的主题宴会，但主题宴会的设计应当以企业的需求为主导。一场成功的主题宴会往往能够给人们带来惊喜。

4. 其他活动

与奖励旅游相关的其他活动主要包括竞赛活动、惊喜派对、文艺演出等。策划者在设计这些活动时应注重提高游客的参与度，增加活动的趣味性。

知识链接

安排文艺演出的工作内容

1. 选择节目

在选择节目时，组织者需要考虑以下几点。

（1）节目主题与奖励旅游的主题相契合

组织者所选择的节目应当具有教育性和娱乐性，同时其主题要与奖励旅游的主题相匹配。

（2）兼顾游客的兴趣

组织者在安排节目时应适当考虑游客的兴趣，满足游客的需求，使游客能够放松身心。

（3）尊重游客的宗教信仰和风俗习惯

组织者务必要审查节目的具体内容，避免其涉及与政治、宗教相关的敏感内容，引起游客的不满。

（4）展现民族特色和优秀传统文化

组织者可以选择能体现当地民族特色和优秀传统文化的节目，使游客更好地了解当地的风土人情。

2. 安排时间

组织者应当根据演出的内容、节目数量来确定总时长。一般来说，一场文艺演出的时长应当控制在3小时以内，时间过长可能会使游客感到疲劳。如果游客需要在白天参加其他活动，组织者可安排游客在晚上观看文艺演出。

3. 安排接送

组织者在组织游客观看文艺演出时，应确保游客们集体行动。组织者需要提前统计人数，安排好接送车辆，并在游客上车后清点人数，避免有游客被遗漏。

4. 组织入场与退场

演出开始前，组织者可安排普通游客先入座，领导在普通游客入座后再入座。演出结束后，组织者应引导游客有序退场。

（十一）制订突发事件应急预案

组织奖励旅游的过程中难免会遇到一些意外情况，如交通事故、行程变更或游客出现突发状况。这些突发事件都可能打乱原有的旅行计划。因此，策划者在策划奖励旅游时，必须考虑突发事件的应对方法，制订应急预案，确保奖励旅游活动能够顺利开展。一般来说，应急预案应当涵盖应急响应处置、应急保障、事故信息发布等多个方面的内容。

（十二）策划方案的审定

策划者需要根据企业的目标、预算、员工的兴趣及偏好、旅游目的地的特色、时间安排等多方面因素拟订奖励旅游策划方案。一份完整的奖励旅游策划方案应当包括详细的活动日程安排、交通与住宿安排、富有创意的活动设计、明确的预算分配。

初步拟订的策划方案在形式、内容等方面往往存在一些不足，需要策划者进行进一步的改进和完善，从而使其更具科学性和可行性。因此，拟订的策划方案需要接受相关人员的审定。

策划方案的审定包括以下几个步骤。

1. 汇报方案

策划者需要汇报的内容通常涵盖策划背景、活动主题、市场环境分析、实施步骤、预期效果等内容。

2. 答辩

汇报结束后，相关领导、专家和工作人员需要对策划方案的相关内容进行提问，策划者需要对这些问题进行答复，并记录各方的意见和建议。策划者应虚心听取各方意见，尊重领导、专家的意见。

3. 完善方案

答辩结束后，策划者需要对收集到的意见和建议进行整理，将合理的意见和建议补充到方案中，使方案更加完善。这项工作至关重要，因此策划者需要认真对待。策划者如果在完善方案的过程中遇到了困难，要与领导和专家多沟通、多交流，尽可能使策划方案更加全面、详细。

（十三）与企业协商奖励旅游规划

个性化的行程安排是奖励旅游的一大特色，因此，策划者应当满足企业对奖励旅游的独特需求。在规划奖励旅游时，策划者需要对企业进行全面而细致的评估与分析。这需要策划者考察企业的财务状况、经营背景、以往组织的奖励旅游的具体情况、市场竞争态势以及企业特色等。同时，策划者还需要与企业协商奖励旅游的参与人数和出行日期。

策划者在了解企业的需求和意愿后，应基于所获得的信息进行行程和活动的规划。策划者通常会在规划过程中与企业进行初步的沟通。策划者完成初步规划后，仍需要与企业的相关人员进行充分协商，根据企业的要求对规划进行一定的调整，在双方意见一致的基础上确认奖励旅游规划的各项细节。

三、奖励旅游结束后的主要任务

（一）效果评估

奖励旅游的组织通常具有持续性和稳定性。一些有组织奖励旅游需求的企业往往每年都会组织奖励旅游。为了提高企业的满意度，了解企业的真实想法，策划者应当在奖励旅游结束后对活动效果进行评估。策划者可以采取以下两种评估方式。

1. 向企业征询意见

奖励旅游结束后，向企业征询意见是一个必不可少的环节。企业的满意度会对双方未来的合作产生很大的影响。策划者应深入了解组织奖励旅游在实现企业目标、增强员工凝聚力、提升品牌形象等方面所起到的实际效果。策划者可以通过设计问卷、组织访谈或召开反馈会议等方式，系统地收集企业对活动组织、行程安排、服务质量、目的地选择等多方面的看法。

2. 策划者进行自我总结

在充分听取企业意见的基础上，策划者还需要结合自身的经验，对奖励旅游的各项策划工作进行全面的总结。策划者要总结成功的经验和失败的教训，并提出改进的方案。总结完成后，策划者应将这些内容进行系统的整理，以便将来参考和使用。

（二）完善售后服务

随着旅游业的不断发展，市场竞争日益加剧，争取客源变得尤为重要。策划并组织奖励旅游的旅游公司只有不断提供优质的售后服务，才能巩固并扩大客源。通常情况下，旅游公司会与多家企业建立长期的合作关系。能否成功建立并维持这样的合作关系，关键在于旅游公司能否提供让企业满意的奖励旅游产品及售后服务。如果旅游公司在这些方面未能达到企业的预期，企业就会选择其他合作伙伴。特别值得注意的是，合作关系的破裂往往会给旅游公司带来难以弥补的损失。旅游公司在奖励旅游领域的良好口碑是其巩固并扩大客源的重要保障。

旅游公司应当从两个方面完善售后服务。一是做好面向企业的售后服务工作，其服务对象主要是企业管理者；二是做好面向个人的售后服务工作，其服务对象主要是参与奖励旅游的游客。

1. 做好面向企业的售后服务工作

旅游公司可以在内部或外部组织企业招待会，与企业管理者进行面对面的交流，向企业管理者介绍旅游公司组织过的其他奖励旅游的具体情况（如旅游行程、路线、活动设计、服务以及经典案例），让企业管理者了解本公司有能力提供优质的服务。双方可以通过座谈的形式畅谈奖励旅游的组织经历，增进双方之间的感情，为日后的合作打下坚实的基础。此外，旅游公司还可以举办野餐会、联谊会、酒会，邀请企业管理者参加相关活动，以扩大自身的影响力，提高自身在奖励旅游领域的知名度。

旅游公司还可以举办开放日。一些西方国家的旅行社每年都会举办开放日活动，这种做法值得我们借鉴。在开放日活动举办期间，旅游公司可以邀请企业管理者到旅游公司参观，并邀请一些旅游爱好者和有威望的旅游专家参加活动，与他们进行交流。此外，旅游公司还可以适时举办奖励旅游说明会，让企业管理者相信本公司有足够的实力为其提供优质的服务。为了进一步深化双方的合作，当企业举办周年庆典或其他重要纪念活动时，旅游公司也应积极表达祝福与支持，通过精心策划活动或赠送礼物等方式展现对企业的重视。

2. 做好面向个人的售后服务工作

旅游公司可以向参加奖励旅游活动的游客赠送纪念品。旅游公司可以制作一些精美的印刷品，印刷品应体现公司的相关介绍、通信地址及联系方式。同时，这些印刷品要具有一定的实用价值，让游客能够长时间保存，挂历、台历、画册、记事本等形式的印刷品都是不错的选择。此外，旅游公司还可以在奖励旅游结束后给游客邮寄一些带有公司标志的玩偶、钢笔、雨伞等，从而加深他们对旅游公司的印象。

旅游公司可以为参加奖励旅游活动的游客寄送生日贺卡和节日贺卡，以加强彼此之间的联系。这就需要旅游公司整理好游客的相关资料，并建立档案。做好面向个人的售后服务工作能够使个人对旅游公司产生好感，进而促进奖励旅游产品以外的其他旅游产品的销售。

8.5 奖励旅游策划的一般方法

奖励旅游策划的一般方法主要包括市场需求分析法和头脑风暴法。

一、市场需求分析法

奖励旅游产品和其他旅游产品一样，需要销售人员进行市场营销。这就需要旅游公司从受众的角度出发，了解游客对奖励旅游的具体需求。旅游公司可以与参与奖励旅游活动的游客进行深入的沟通，了解他们的旅游动机和需求，进而开发出多元化的旅游产品，以满足他们的期望。因此，开展奖励旅游策划业务的旅游公司通常会进行市场调查。旅游公司可以对调查结果进行定量分析，并分析奖励旅游的发展趋势。这样可以确保旅游公司所开发的奖励旅游产品能够获得市场的广泛认可。

二、头脑风暴法

运用头脑风暴法进行奖励旅游策划时，旅游公司可以组织小型会议，邀请专家进行座谈。在进行头脑风暴时，讨论的内容和程序需要加以明确，相关人员要做好充分的准备和组织工作，为专家提供一个自由发表意见的平台。为了确保讨论的效果，讨论小组的人数不宜过多，理想的人数通常为6~12人。采用这种策划方法要求组织人员具备较强的组织协调能力，能够引导小组成员围绕主题展开讨论。

8.6 奖励旅游的管理

奖励旅游活动的成功组织在很大程度上依赖于有效的管理。奖励旅游管理涉及诸多方面，考虑到奖励旅游的特性及我国奖励旅游的发展现状，下文主要聚焦于奖励旅游的人力资源管理、服务质量管理、客户管理及健康管理。

一、人力资源管理

奖励旅游是旅游市场的一个重要组成部分，其对从业人员的素质要求高于常规旅游对从业人员的素质要求。奖励旅游领域的从业人员需要具备出色的团队合作能力和统筹运作能力，并能深入理解和满足客户需求。因此，在奖励旅游领域，人员管理应当得到重视。

（一）人员培训模式

在奖励旅游领域，我国的人才储备严重不足，这已成为制约奖励旅游发展的重要因素。因此，加强对相关人员的培训就显得尤为重要。培训的具体组织形式与旅游公司的规模和结构密切相关。一般来说，培训的主要形式有以下两种。

1. 企业内部培训

开展奖励旅游业务的大型旅游公司通常会设立专门的教育或培训部门，并配备专业的培训人员。这些培训人员可能是公司内部富有经验的职员，也可能是外聘专家。有些企业甚至设有培训中心，培训中心配有专职讲师和教学行政管理者。不过，在奖励旅游领域，这种公司的内部培训开展得还相对较少。

2. 校企合作培训

在旅游行业，校企合作培训在我国较为普遍。大部分旅游从业人员都是由高校培养出来的。目前，我国的奖励旅游业务主要由大型旅游公司承担，但由于奖励旅游具有独特性，不少在过去开展一般旅游业务的工作人员缺乏对奖励旅游的系统认识，这也在一定程度上制约了奖励旅游的发展。目前，很多旅游公司与开设了旅游专业的高校建立了合作关系。高校可以派老师到企业授课，企业员工也可以到高校接受培训。培训人员可以针对旅游公司的具体需求开设定制化课程。

3. 专业机构培训

近年来，我国各地涌现出一些致力于提高旅游人才职业素养的专业培训机构，以满足旅游公司不断增长的多样化培训需求。这些机构通常拥有固定的办公地点，教学设施较为完备。这些机构的人员构成较为精简，固定员工的数量较为有限。这些机构往往会聘请大量兼职的专业培训师。它们主要为旅游公司提供两类培训：一类是侧重于工作技能的培训，比如与沟通技巧、活动组织、团队建设有关的培训；另一类则是有关旅游方面的新知识和新理念的培训。

（二）人员管理方法

对于开展了奖励旅游业务的旅游公司而言，管理者可以从以下几个方面入手，优化人员管理方法。

1. 留住优秀员工

员工的能力和素质代表着公司的形象，特别是服务人员，他们直接与客户接触，其行为和素质会直接影响客户对公司的整体印象。为了提升服务品质，旅游公司应积极吸引、招聘、培养并留住优秀员工，将他们视为企业最宝贵的财富。在招聘员工时，招聘人员除了要考查其专业知识，还要考查其服务意识、服务态度和工作能力。优秀员工不仅是推动企业发展的中坚力量，还是新员工的榜样。因此，公司应当留住这些优秀员工并鼓励优秀员工发挥示范作用。公司的激励机制、薪酬和福利体系决定着公司能否留住优秀员工。目前，有些管理者愿意在提升硬件设施方面投入大量资金，却不愿用相对较少的资金来改善员工的工作环境、减轻其工作强度或提高其收入。一旦大量优秀员工选择离职，公司的发展势必会受到影响。

2. 重视提升员工的服务意识

旅游公司需要重视员工服务意识的提升，因为这直接关系到客户的满意度和公司的品牌形象。一个具备服务意识的团队能够为客户提供贴心、专业和个性化的服务，从而增强客户的信任感和忠诚度。为了给客户提供更优质的服务，员工除了要收集、处理与分析常规的市场信息，还要积极收集客户信息。尽管这项工作费时费力，但收集客户信息有助于员工更好地了解客户的需求，使员工了解本公司在服务提供方面存在的不足之处、客户流失的原因以及竞争对手的市场动态等。因此，管理者应要求员工主动收集客户信息，倾听他们的意见，以便改进服务，提高客户满意度。

3. 增强员工的归属感

有归属感的员工能够认同公司的价值观，支持公司的商业目标，并认可自己是公司大家庭中的一员。员工的归属感越强，他们的工作积极性和满意度就越高，离职的可能性就越小。为了培养员工的归属感，管理者需要通过加强内部沟通让员工了解企业的商业目标和价值观。管理者应当采取一系列措施来增强员工的归属感，如鼓励全体员工参与公司新推出的旅游产品的设计和研发工作，在广告中展示优秀员工的风采，通过采取一定的奖励措施奖励优秀员工等。此外，发放统一的制服和胸牌也有助于员工形成归属感。可以说，缺乏归属感的员工很难赢得客户的信任。

4. 灵活调整规章制度

若旅游公司仅要求员工依据本公司的规章制度向客户提供服务，服务质量将难以提升。不同的客户的需求和期望各不相同，他们期望员工能依据其特殊需求，灵活提供个性化的优质服务。若旅游公司的规章制度过于死板，员工的行为就会受到限制，这有可能造成客户的流失。旅游公司需要密切关注市场动态，理解客户对旅游服务的期望，将这些期望转化为具体的服务标准和流程要求，并体现在规章制度中。规章制度还应体现对员工的关怀，例如为员工提供职业发展机会和心理健康指导等。

5. 构建良好的内部人际关系

旅游公司的管理者不仅要妥善处理外部人际关系（即员工与客户之间的关系），还应重视内部人际关系的维护。管理者应要求员工相互尊重、相互帮助。若管理者在内部人际关系和外部人际关系的管理上采用双重标准，将不利于企业团队凝聚力的形成。

二、服务质量管理

在奖励旅游领域，提升服务质量是旅游公司赢得客户信任的关键所在，也是旅游公司实现可持续发展的重要策略。管理者应当加强服务质量管理，提升员工的服务意识和服务能力，确保客户能够获得较好的服务体验。

（一）奖励旅游服务的构成要素

奖励旅游服务由多个要素构成，它们分别是核心服务、便利服务和辅助服务。

核心服务是旅游公司所提供的主要服务。旅游公司为游客提供的包括餐饮、住宿、观光、交通、娱乐和购物在内的全方位服务就属于核心服务。当然，一家旅游公司可能有能力为游客提供多种核心服务。例如，有的旅游公司能够协助游客办理出境、入境和签证手续。

旅游公司除了能够为游客提供核心服务，还能为游客提供便利服务。交通接送服务、租车服务、购物陪同服务、票务在线预订服务都属于便利服务。如果旅游公司无法提供高质量的便利服务，游客将无法充分享受旅游公司所提供的核心服务。

旅游公司提供辅助服务的目的是增加服务的价值或使旅游公司的服务与其他竞争者的服务有所区别。因此，不少旅游公司经常将辅助服务作为差异化策略的组成部分。例如，有的旅游公司会为每位游客赠送带有标识的旅行包、旅行帽或小纪念品；在游客游览的过程中，有的旅游公司会为游客提供介绍旅游目的地的手册。

便利服务与辅助服务之间的界限有时可能并不清晰。某些服务在特定情境下可能是便利服务，而在其他情境下则可能属于辅助服务。尽管如此，区分二者仍然是至关重要的，因为便利服务通常是不可替代的，缺少它们会导致旅游公司的基本服务受到影响，而缺少辅助服务最多只会使旅游公司的服务在吸引力和竞争力上有所欠缺。

（二）影响服务人员服务质量的因素

旅游公司的最终目标是让客户感到满意并实现营利。客户的满意度与服务人员的服务质量密切相关。相关研究表明，在旅游行业，服务人员的自信心、工作满意度和适应能力会对服务质量产生十分重要的影响。

1. 服务人员的自信心

充满自信的服务人员相信自己能够胜任服务工作。在服务过程中，随着经验的积累和能力的提升，服务人员的自信心也会逐渐增强。自信的服务人员会更加努力地工作，勇于面对并克服工作中的困难，致力于为客户提供优质服务。多项研究证实，提升服务人员的自信心有助于提升服务效果。

在提供旅游服务的过程中，自信的服务人员能够根据游客的需求灵活调整服务方式，满足他们的各类要求，并妥善处理在服务过程中出现的各种问题。自信的服务人员能够以积极的心态面对各项工作，在不利条件下，他们也能够迎难而上，完成艰巨的工作任务。因此，与缺乏自信的服务人员相比，自信的服务人员能为客户提供更为优质的服务。

2. 服务人员的工作满意度

服务人员的工作满意度是指服务人员对自己的工作及相关方面的满意程度。工作满意度往往与管理方式、工作内容、薪资待遇、晋升机会等因素有关。在服务的过程中，服务人员的工作满意度会直接影响他们的行为方式。工作满意度高的服务人员通常能够以更为积极的态度对待客户，为他们提供优质的服务。

3. 服务人员的适应能力

服务人员的适应能力是指他们根据客户需求灵活调整自身行为的能力。一般情况下，服务人员既需要根据既定的服务标准为客户提供统一的服务，也需要根据客户的具体需求提供个性化的服务。如果服务人员盲目地按照固定的模式提供服务，可能会导致工作上的失误，客户的特殊需求可能也无法得到满足。适应能力强的服务人员往往能够灵活应对各种情况，为客户提供周到的服务。因此，要想提高服务质量，管理者就需要采取措施，要求服务人员在提供服务的过程中以客户为中心，并提升自身的适应能力。

（三）强化服务过程管理的重要意义

在旅游行业，服务过程管理指的是对旅游服务进行规划、组织、协调、控制和评估的一系列过程。进行服务过程管理的主要目的是为游客提供高质量的旅游服务，满足游客的需求和期望。服务过程管理对于旅游公司服务水平的提升具有十分重要的意义。

第一，强化服务过程管理能够显著提升旅游公司的竞争力。当服务人员为游客提供服务时，游客不仅关注服务内容本身，还十分关注服务方式。在同类型、同档次的旅游公司提供的服务相似度较高的情况下，服务方式成为游客选择旅游公司的重要考量因素。例如，当一位有出游计划的客户前往两家国际旅行社咨询同一条旅游线路时，其在意的不仅是获取到的具体信息，还包括信息的提供方式以及咨询过程中服务人员的服务质量。游客一旦在接受服务的过程中对某个环节不满，就可能给出负面评价。因此，旅游公司需要加强服务过程管理。加强服务过程管理有助于服务人员减少工作失误，为游客提供更好的体验，进而大幅提升游客的满意度。重视服务过程管理的旅游公司往往具有较强的竞争力，能够在激烈的市场竞争中脱颖而出。

第二，强化服务过程管理还有助于旅游公司塑造良好的企业形象，增强客户的忠诚度。在进行与旅游相关的消费时，由于消费者往往会先购买服务、再体验服务，因此其所承担的风险往往比较大。为了降低风险，消费者通常倾向于选择自己认可的旅游公司或市场形象良好的旅游公司。强化服务过程管理不仅能让游客获得较好的旅行体验，还能帮助旅游公司在市场中树立起值得信赖的良好形象。良好的企业形象就像一张无形的名片，能够帮助旅游公司吸引更多的消费者购买本公司的旅游产品。

（四）提升服务质量的方法

在开展奖励旅游业务的过程中，旅游公司应通过以下方法提升服务质量。

1. 坚持"客户至上"的原则

奖励旅游团的游客的需求往往具有超前性和潜在性，这就需要服务人员提前考虑到游客的需求。比如，大部分游客都希望用餐时不要等待太长时间，希望住宿环境干净整洁。服务人员要始终坚持"客户至上"的原则，及时发现并满足游客的需求，进而提升服务质量，确保让游客满意。

2. 坚持"持续改进"的原则

随着时代的发展和社会的变革，游客的需求也在不断发生变化。需求的复杂性和多变性要求旅游公司以"持续改进"为原则，不断优化奖励旅游服务，以适应游客不断变化的需求。

3. 加强服务质量监测

旅游公司要加强服务质量监测，构建一套包含明确的服务标准、实时监测工具、客户反馈机制及持续改进流程的综合性管理体系，通过定期评估服务表现、及时响应客户需求、强化内部监督，确保服务质量的持续提升。

4. 重视基层员工培训

为了确保奖励旅游的服务质量，旅游公司必须加强对基层员工的管理和培训。基层员工培训往往涉及技能培训、服务意识提升和工作能力培养等方面。旅游公司要通过开展全面、高质量的培训，打造一支专业、高效、服务优质的队伍，为奖励旅游服务水平的持续提升奠定坚实的基础。

5. 提供个性化服务

服务人员需要根据游客需求的变化灵活调整奖励旅游的服务模式，从而满足不同游客的个性化需求。提供个性化服务是提高游客满意度的重要途径，也是旅游公司提升服务质量的根本要求。

在提供个性化服务的过程中，服务人员应注意以下几个方面。

① 尽量满足游客提出的合理要求。

② 记录游客的特殊需求，并建立相关档案，以便随时查阅。

③ 若游客在旅游过程中遇到意外情况，应及时为游客提供帮助，使其感到温暖。

④ 主动揣摩游客的心理，了解游客的期望与潜在需求。

三、客户管理

在快速变化的市场环境中，旅游公司若想要保持长期的竞争优势并不断提高经济效益，就必须将客户的需求放在首位。许多服务型旅游公司已经将"以客户为中心"视为核心原则，这意味着旅游公司需要为了向客户提供符合需求的产品和服务而竭尽全力，与客户建立长期的合作关系。为了实现这一目标，旅游公司需要积极地与客户沟通，收集客户的反馈意见，深入了解客户的真实需求，并据此提供符合其期望的产品与服务，从而取得竞争优势。

（一）客户角色分析

在多数情况下，旅游公司可以通过分析客户所扮演的角色采取相应的措施，从而提升自身的竞争力。从整体上看，客户扮演着资源提供者、合作者和使用者的角色。

1. 客户是资源提供者

旅游公司需要在经营过程中争取各种资源，这些资源包括有形资源和无形资源。如果客户能提供旅游公司所需的部分资源，旅游公司将获得更多的发展机会。一些学者指出，与那些仅仅将客户视为消费者的旅游公司相比，那些能够充分利用客户资源并与客户建立良好合作关系的旅游公司能够更为轻松地在竞争中占据优势地位。因此，旅游公司应与客户建立相互依赖的关系，增强客户的忠诚度，并充分利用客户提供的资源，以提升自身的竞争力。旅游公司应当充分利用客户的社交网络来扩大自身的品牌影响力。

旅游公司应当秉持开放和包容的态度，鼓励客户参与到公司的决策和运营中来。这样做不仅能让客户感受到尊重，更能激发他们的积极性和创造力，为公司带来新的发展机遇。通过这样的合作，旅游公司不仅能够更好地理解市场需求，还能在客户心中树立起积极、正面的品牌形象，从而实现可持续发展。

2. 客户是合作者

旅游公司应当把客户视为合作伙伴，重视与客户的合作，这样一来，客户就能为公司创造更多的价值。为了更好地与客户开展合作，旅游公司需要注意以下几个方面。

第一，公司应当提高信息的透明度，与客户共享必要的旅行信息，包括行程安排、注意事项以及可能遇到的各种情况，让客户在旅行过程中有一定的心理预期。这样做不仅能提升客户的参与感，还能帮助他们在旅行前做好准备，从而更好地享受旅行体验。

第二，旅游公司应为客户提供旅行前的指导，如介绍目的地文化、发放安全须知等，增强客户在旅行中的自我服务能力。

第三，旅游公司应当提高客户合作的积极性，使客户愿意积极地配合旅游公司的相关工作。

旅游公司与客户之间的合作是一个持续的过程，需要旅游公司不断投入精力和资源，通过优化服务流程、提升客户参与感、建立反馈机制等措施来深化与客户之间的合作关系。

3. 客户是使用者

客户是产品的主要使用者。客户在消费过程中或消费之后，会根据自身的期望与实际消费体验之间的差距对旅游公司进行评价。如果实际消费体验符合预期或超出预期，客户便会感到满意。如果客户满意度较高，并且旅游公司能够提供良好的售后服务，客户可能转化为公司的忠实客户，不仅自己会重复购买旅游公司的旅游产品，还会积极地向亲朋好友推荐该旅游公司。这种正面口碑的传播有利于旅游公司的品牌建设和市场拓展。相反，如果客户的实际消费体验未能达到期望，甚至远低于预期，客户便会感到失望或不满。这种负面评价一旦积累起来，旅游公司的品牌形象和市场声誉就会受到影响。

为了提升客户满意度，旅游公司应做好以下几项工作。

① 与客户保持双向沟通。

② 尽可能满足客户的期望和实际需求。

③ 全面地向客户介绍旅游产品的实际情况。

④ 保证旅游产品的实际价值与客户预期的价值相匹配。

（二）客户管理方法

1. 客户分类与建档

客户分类对于提升旅游公司的客户管理水平而言具有重要意义，它有助于旅游公司更好地了解客户，优化资源配置，提升客户满意度和忠诚度，为公司的决策提供有力支持。

旅游公司可以按照以下标准对客户进行分类。

（1）非常重要的客户

此类客户也被称为VVIP客户。购买服务的次数达到5次的客户属于非常重要的客户，他们通常对旅游公司的服务感到满意，对旅游公司十分信任，忠诚度极高。

（2）重要客户

此类客户也被称为VIP客户。购买服务的次数为2～4次的客户属于重要客户。他们对旅游公司的服务评价较高，并且已经逐渐建立起对旅游公司的信任，很有可能成为公司的忠实客户。

（3）一般重要客户

一般重要客户通常购买过1次服务。他们对旅游公司的服务较为满意，对旅游公司已经有了初步的了解，未来有重复购买服务的可能性。

（4）普通客户

普通客户购买过1次服务，但其对旅游公司的服务感到不满意。这类客户对旅游公司已经有了初步的了解，未来购买其他旅游公司的服务的可能性较大。

（5）潜在客户

这类客户尚未购买过旅游公司的服务，但已经与旅游公司的工作人员有过至少1次的接触，因此，其未来有购买服务的可能性。

旅游公司需要在对客户进行分类后为每位客户建立档案，并安排专人负责客户管理工作。随着时间的推移，客户的购买次数和客户类型可能会发生变化。因此，客户管理人员应及时对客户档案进行更新，并及时为新客户建立档案。旅游公司应针对不同客户群体的需求灵活调整服务策略。例如，对于频繁购买服务且满意度高的客户，旅游公司可以为其设计专属的旅游线路、提供定制化服务方案及优先预订权等；而对于新客户，旅游公司则可通过定期发送邮件、打电话等方式增强客户黏性。

2. 提高客户的忠诚度

为了提高经济效益并增强竞争力，旅游公司必须将重心放在提高客户的忠诚度上。相关研究显示，服务型旅游公司能够通过服务忠诚度高的客户提升利润回报率。忠诚度高的客户往往会持续、大量地购买旅游公司的服务，并愿意为高质量的服务支付更高的费用，从而为旅游公司带来更多的收入。

如果旅游公司的客户群体频繁变动，那么旅游公司就需要投入大量营销费用来吸引那些不太了解本公司的新客户，同时还要不断为他们提供初始服务。拥有大量忠诚度高的客户的旅游公司则能够节省一部分营销成本。此外，忠诚度高的客户能够帮助旅游公司宣传和推广相关产品和服务，从而降低其广告支出。

旅游公司进行客户管理的主要任务是努力将普通客户和一般重要客户转化为重要客户和非常重要的客户，提高他们的忠诚度，与他们建立起长期的合作关系。当然，这并不意味着潜在客户和新客户不重要，拓展这些客户对旅游公司未来的发展同样至关重要。但是，旅游公司需要在现有客户管理和新客户管理上找到平衡点。如果旅游公司花费大量资金吸引来的新客户很快就流失了，然后又继续投入资金去寻找其他新客户，那么其经济效益必然会受到影响。

无论是团体客户还是散客，他们在选择旅游产品和服务时更看重的是能在自己期望的时间和地点，以自己喜欢的方式获得所需的产品和服务。随着技术的快速发展，旅游公司可以通过更多的手段来满足客户的需求。旅游公司可以运用大数据技术积累丰富的数据资料，深入分析每位客户的需求和喜好。同时，互联网技术的快速发展使旅游公司能够以较低的成本与客户进行双向沟通。旅游公司应当鼓励员工与客户进行面对面的沟通，让员工更深入地了解客户，从而为客户提供最适合的产品和服务。旅游公司对客户的需求和喜好了解得越深入，就越有可能为客户提供优质的产品和服务，从而增强客户的忠诚度。这样一来，竞争对手就难以吸引本公司的客户，本公司就能与客户保持长期的合作关系。

客户满意度是一个难以量化、容易变化的指标。不少客户虽然对旅游公司的服务感到满意，但仍然有可能选择其他旅游公司的服务。这就需要客户管理人员深入了解客户流失的原因，发现公司在客户管理上存在的问题，并采取相应的措施来防止客户流失，提高客户的忠诚度。客户管理人员应当与流失的客户进行沟通，虚心听取客户的意见，从客户那里获取宝贵的反馈信息，从而改进相关工作。客户管理人员需要持之以恒地开展这项工作，并建立跟踪考核机制，以便评估采取改进措施是否能够有效降低客户流失率。对于行之有效的措施，客户管理人员应当坚决贯彻执行。同时，客户管理人员还需要通过一定的渠道了解竞争对手的客户为何会选择竞争对手的服务，从而吸取经验。

四、健康管理

在旅游活动中，游客的健康和安全至关重要，这一点是旅游公司不容忽视的。企业组织奖励旅游的目的是表彰和嘉奖参与者，旅游公司必须确保他们的健康与安全，做好健康管理工作。

（一）危害游客健康的因素

在旅游过程中，很多因素都会危害游客的健康。常见的危害游客健康的因素包括以下几种。

1. 地理环境危害因素

地理环境危害因素主要是指与地理环境有关的危害健康的因素，如恶劣气候、高海拔等。这类因素可能导致游客出现身体不适的情况，甚至引发严重的健康问题。例如，在极端寒冷的环境中，游客可能会被冻伤；而在过于炎热的环境中，游客会出现中暑的情况。

2. 生物危害因素

生物危害因素是指与生物体有关的危害健康的因素，如传染病、性传播疾病、寄生虫病等。患有传染病的游客的自身健康会受到威胁，其他游客的健康也可能受到威胁。

3. 游客已有的健康问题

一些游客在出行前便存在健康问题，如精神病、糖尿病、肝炎、高血压、心脏病等。如果游客在出行前便存在健康问题，其在旅行过程中可能会因为过度疲劳或过度兴奋而使病情加重，引发更严重的健康问题。

4. 旅行中出现的意外情况

旅游过程中会出现一些意外情况，如火灾、车祸、空难、海难等。虽然有些意外情况是由不可抗力造成的，但游客如果在出行前能够充分了解相关的应急知识并做好适当的准备，就能在意外发生时更好地应对这些意外情况。

（二）健康管理工作的主要内容

旅游公司应当在设计旅游产品、组织奖励旅游的过程中做好健康管理工作。

在出行之前，游客需要作出旅游决策，如选择旅游产品或线路，并做好相应的出游准备。参与奖励旅游活动的游客虽然无法直接选择线路，但旅游公司可以根据旅游目的地的具体情况通知游客做好相应的准备，比如根据当地的气候条件准备好衣物。在这个阶段，旅游公司应当向游客普及保健知识，帮助游客了解如何在旅行过程中保护好自己。旅游公司应当提醒有慢性疾病的游客准备好相应的药品。旅游公司也要在游客出行前对游客的健康状况进行了解，询问游客是否患有心脏病、高血压、糖尿病等慢性疾病，是否有过敏史或近期是否接受过手术。此外，旅游公司应制订详细的应急预案，并向游客详细介绍应急预案的相关内容，告知游客在紧急情况下如何寻求帮助。

在旅行阶段，旅游公司应根据游客的身体状况和旅游目的地的实际情况科学规划行程，避免将行程安排得过于紧凑，确保游客有足够的休息时间。旅游公司应根据游客的饮食习惯和健康需求合理安排饮食；对于有特殊饮食需求的游客（如素食者、糖尿病患者），旅游公司应要求饭店或酒店提供个性化的餐饮服务。旅游公司应选择符合卫生标准的宾馆；同时，相关工作人员应提醒游客注意住宿安全。游客在旅行过程中可能会出现新的健康问题，旅游公司应及时了解这些信息，以便及时采取应对措施。

如果游客在旅行过程中出现健康方面的问题，旅游公司应积极做好保障工作。一旦发现游客出现身体不适的状况，旅游公司的相关工作人员应详细了解其健康状况和具体需求，与当地医疗机构联系，确保游客能够及时获得专业的诊断和治疗。同时，旅游公司还要及时与游客家属沟通，告知家属游客的健康状况，并安抚家属的情绪，减轻他们的担忧。

在游客接受治疗期间，旅游公司应提供必要的协助和支持，如安排专人陪同、协调医疗资源、垫付医疗费用等，确保游客能够得到全方位的照顾。此外，旅游公司还需要对游客后续的康复情况进行跟踪和关注，提供必要的康复指导和建议。如果游客因健康问题无法继续旅行，相关工作人员应协助其办理退款手续，并妥善处理后续事宜，确保游客的权益得到保障。总之，游客出现健康问题时，旅游公司应迅速响应、积极协调，确保游客能够享受到及时、专业、周到的服务。

章前案例分析

泸州老窖与Aditya Birla Sun Life Insurance组织的奖励旅游活动展现了香港作为全球知名奖励旅游目的地的独特魅力。这两个案例都充分证明了香港在奖励旅游市场的吸引力。其丰富的旅游资源与高水平的接待能力为奖励旅游活动的成功开展提供了有力保障。香港拥有巨大的发展奖励旅游的潜力，这得益于其优越的地理位置、丰富的旅游资源、完善的旅游设施以及高效的旅游服务。

本章小结

本章深入阐述了奖励旅游策划的基本特征、基本要素、基本原则、工作内容和一般方法，并从人力资源管理、服务质量管理、客户管理和健康管理四个方面阐述了奖励旅游管理的工作内容和基本方法。

复习思考题

一、简述题

1. 奖励旅游策划的基本特征有哪些？
2. 奖励旅游策划的基本原则有哪些？
3. 选择奖励旅游目的地时要考虑哪些因素？

二、论述题

1. 进行奖励旅游策划时应注意哪些具体问题？
2. 想要提高奖励旅游委托方的满意度，旅游公司应做好哪些工作？

三、技能训练

某高校准备为本校的10位年度优秀教师安排一场国内的奖励旅游，请撰写一篇奖励旅游策划方案，字数不少于1500字。

参考文献

[1] 吴粲，吴蔚云. 策划学[M]. 7版. 北京：中国人民大学出版社，2021.

[2] 陈放. 策划学[M]. 北京：中国商业出版社，1998.

[3] 傅广海. 会展与节事旅游管理概论[M]. 2版. 北京：北京大学出版社，2015.

[4] 迪迪尔·斯卡利莱. 奖励旅游的价值所在[J]. 中国社会组织，2018（23）：52–53.

[5] 戴光全，保继刚. 西方事件及事件旅游研究的概念、内容、方法与启发（上）[J]. 旅游学刊，2003（5）：26–34.

[6] 戴光全，保继刚. 西方事件及事件旅游研究的概念、内容、方法与启发（下）[J]. 旅游学刊，2003（6）：111–119.